楊照

中國傳統經典選讀 ⑩

戰國策

超越國界與階級的計謀全書

目次

中國傳統經典選讀總序

楊照

一

二〇〇七年到二〇一一年，我在「敏隆講堂」連續開設了五年、十三期、一百三十講的「重新認識中國歷史」課程。那是個通史課程，將中國歷史從新石器時代到辛亥革命做了一次整理，其基本精神主要是介紹過去一百多年來在中國歷史研究上的許多重大、新鮮發現與解釋，讓中國歷史不要一直停留在「新史學革命」之前的傳統說法上，所以叫做「重新認識中國歷史」。

這套「中國傳統經典選讀」的內容，最先是以接續「重新認識中國歷史」的課程形式存在，因而在基本取徑上，仍然是歷史的、史學的，等於是換另一種不同的方式，重講一次中國歷史。

「重新認識中國歷史」由我從上下數千年的浩瀚內容中，依照我的判斷，選出最值得介紹、討論的面向，來呈現中國歷史。「中國傳統經典選讀」則轉而希望降低個人主觀的選擇判斷成分，讓學員能夠透過原典來認識、了解中國歷史。

從原典認識、了解中國歷史，牽涉到一項極其難得的幸運條件。兩千多年前的中國文字，兩千多年之後，我們一般人竟然都能不用透過翻譯直接閱讀，光靠直覺就能掌握其訊息大概，再多費點工夫多些解釋，還可以還原大部分的本意。中國古文字和我們今天日常使用的這套文字，有著明顯、強烈的延續性，現代通用的大部分文字，其起源可以直接追溯到《詩經》、《尚書》，少部分甚至還能再上推到甲骨、金文。儘管文法有相當差距，儘管字義不完全相同，但古文字和現代文字在運用上，有著容易對照的規律可循。

這是人類文明中的奇特狀態。世界歷史上實在找不到另一個例子，從西元前三千年到現在，同一套文字、同一套符號與意義結合的系統，五千年沒有斷裂消失，因而可以直接運用今天的文字習慣，來接近幾千年前的文獻。

高度延續性的文字傳統，在相當程度上決定了中國文明的基本面貌，也讓中國社會付出了相對的代價，才造就了現實中我們每個人身上極為難得的能力。我們沒有理由不去認知、善用如此特殊的能力吧！

二

閱讀原典的第一個理由是：中國歷史有其原初的材料，透過這些材料的累積、解釋、選擇，才形成了種種對於歷史的敘述說法。對於中國歷史有興趣的人，聽過了別人給的歷史敘述說法後，應該會想要回到原初材料，一方面體會歷史學者如何利用材料炒出菜餚的過程，一方面也自己去覆按檢驗歷史敘述的對錯好壞吧！

我們讀過課本介紹《詩經》是一本什麼樣的書，也聽過許多從《詩經》中擷取材料來重建西周社會面貌的說法，在這樣的基礎上去讀《詩經》，或許你會發現《詩經》的內容和你原先想像的不太一樣；也可以覆按你過去對西周的認識和《詩經》所顯現的，是不是同一回事。不管是哪種經驗，應該都能帶來很大的閱讀樂趣吧！

閱讀原典的第二個理由是：這些產生於不同時空環境下的文獻，記錄的畢竟都是人的經驗與感受，我們今天也就必然能夠站在人的立場上，與其經驗、感受彼此呼應或對照。也就是，我們能夠從中間讀到相似的經驗、感受，隔著時空會心點頭；也能夠從中間讀到相異的經驗、感受，進而擴大了我們的人生體會。

源於一份史學訓練帶來的習慣與偏見，必須承認，我毋寧比較傾向於從原典中獲取其與今日現實相異的刺激。歷史應該讓我們看到人類經驗的多樣性，看到人類生活的全幅可能性，進而挑戰、質疑我們視之為理所當然的種種現實狀況。這是歷史與其他學問最根本的不同作用，也是史學存在無可取代的核心價值。

三

前面提到，擁有延續數千年的文字，讓中國社會付出了相對的代價，其中一項代價，就是影響了中國傳統看待歷史的態度。一脈相承的文字，使得中國人和前人、古人極為親近，關係密切。歷史因而在中國從來都不是一門研究過去發生什麼事的獨立學問，歷史和現實之間沒有明顯的界線，形成無法切割的連續體。

理解歷史是為了要在現實上使用，於是就讓後來的觀念想法，不斷持續滲透進中國人對於歷史的敘述中。說得嚴重一點，中國的傳統態度，是一直以現實考量、針對現實所需來改寫歷史。後世不同的現實考量，一層層疊在歷史上，尤其是疊在傳統經典的解釋上。因而我們不得不做的努力，是想辦法將這些後來疊上去的解釋，倒過來一層一層撥開，看看能不能露出相對比較純粹些的原始訊息。如此我們才有把握說，從《詩經》中，我們了解了兩千年前、兩千五百年前中國的某種社會或心理狀況；或是盡量放在周初的政治結構下來呈現《尚書》所表達的周人封建設計，而不至於錯置了秦漢以下的帝制價值，扭曲《尚書》的原意。

意思是，我不會提供傳統的讀法，照搬傳統上對於這些文本的解釋。許多傳統上視之為理所當然的說法，特別需要被仔細檢驗，看看那究竟是源自經典原文的意思，還是後來不同時代，因應其不同現實需求，所給予的「有用」卻失真的解讀。

將經典文本放回其產生的歷史時代背景，而非以一種忽略時代的普遍關懷，來讀這些傳統經典，是關鍵的前提。也是「歷史式讀法」的操作型定義。

在「歷史式讀法」的基礎上，接著才會有「文學式讀法」。先確認了這些經典不是為我們而寫的，它們產生於很不一樣的時代，是由跟我們過很不一樣生活的先人們所記錄下來的，於是我們就能排除傲慢、自我中心的態度，培養並動用我們的同理心，想像進入他們那樣異質的生活世界中，去接近他們的心靈遺產。

在過程中我們得以拓展自己的感性與知性能力，不只了解了原本無法了解的異質情境；更重要的，還感受了原本從來不曉得自己身體裡會有、可以有的豐富感受。我們的現實生活不可能提供的經驗，只存在於古遠時空中的經驗，藉文字跨越了時空，對我們說話，給我們新鮮、強烈的刺激。

正因為承認了經典產生於很不一樣的時空環境，當我們對經典內容產生感應、感動時，我們有把握，那不是來自於用現實的考量，斷章取義去appropriate（套用）經典，而是這裡面真的有一份普遍的人間條件貫串著、連結著，帶領我們對於人性與人情有更廣大又更精細的認識。

四

「選讀」的做法，是找出重要的傳統經典，從中間擷取部分段落，進行仔細解讀，同時以這些段落為例，試圖呈現一部經典的基本面貌，並說明文本與其產生時代之間的關係。

傳留下來的中國經典規模龐大，要將每一本全文讀完，幾乎是不可能的。因而我選擇的策略，是一方面從原典中選出一部分現代讀者比較容易有共感的內容，另一方面則選出一部分可以傳遞出高度異質訊息的，讓大家獲得一種跨越時空的新鮮、奇特刺激。前者帶來的效果應該是：「啊，他說得太有道理了！」後者期待在大家心中產生的反應則是：「哇，竟然有人會這樣想！」

解讀的過程中，會設定幾個基本問題。在什麼樣的時代、什麼樣的環境中，產生了這樣的作品？當時的讀者如何閱讀、接受這部作品？為什麼承載如此內容的作品會成為經典，長期傳留下來，沒有湮沒消失？這樣一部作品，曾經發揮了什麼影響作用，以至於使得後來的其他什麼樣的典籍、或什麼樣的事件、思想成為可能？前面的經典和後面的經典，彼此之間有著怎樣的關係？

這幾個問題，多少也就決定了應該找什麼樣的經典來讀的標準。第一條標準，是盡量選擇具有原創性、開創性的作品。在重視、強調歷史、先例的文化價值下，許多中國著作書籍，是衍生性的。《四庫全書》所收錄的三千五百多種書籍，其中光是解釋《論語》的，就超過一百種。不能說這些書裡沒有重要的、有趣的內容，然而畢竟它們都是依附《論語》這部書而來的衍生產物。因而我們就知道，優先該選、該讀的，不會是這裡面任何一本解釋《論語》的書，而是《論語》。《論語》當然比衍生解釋《論語》的書，具備更高的原創性、開創性。

這條標準下，會有例外。王弼注《老子》，郭象注《莊子》，援引了佛教觀念來擴張原典說法，進而改變了魏晉以下中國人對「老莊」的基本認識，所以雖然在形式上是衍生的，實質卻藏著高度開創性影響，因而也就應該被選進來認真閱讀。

第二條標準，選出來的文本，還是應該要讓現代中文讀者讀得下去。有些書在談論中國歷史時不能不提，像是《本草綱目》，那是中國植物學和藥理學的重鎮，但今天的讀者面對《本草綱目》，還真不知怎麼讀下去。

還有，一般中國文學史講到韻文文體演變時，固定的說法是「漢賦、唐詩、宋詞、元曲」，唐詩、宋詞、元曲當然該讀，但漢賦怎麼讀？在中國文字的擴張發展史上，漢賦扮演了重要的角色。漢朝的人開始意識到外在世界與文字之間的不等對應關係，很多事物現象找不到相應的字詞來予以記錄、傳達，於是產生了巨大的衝動，要盡量擴充字詞的範圍，想辦法讓字詞的記錄能力趕上複雜的外界繁亂光景。然而也因為那樣，漢賦帶有強烈的「辭書」性格，盡量用上最多最複雜的字，來表現炫耀寫賦的人如此博學。

漢賦其實是發明新文字的工具，儘管表面上看起來好像是文章，有其要描述、傳達的內容。多用字、多用奇字僻字是漢賦的真實目的，至於字所形容描述的，不管是莊園或都會景觀，反而是其次手段。描述一座園林，不是為了傳遞園林景觀，也不是為了藉園林景觀表現什麼樣的人類情感，而是在過程中，將園林裡的事物一一命名。漢賦中有很多名詞，一一指認眼前的東西，給他一個名字；也有很多形容詞，發明新的詞彙來分辨不同的色彩、形體、光澤、聲響……等等；相對的，動詞就沒那麼多。漢賦很重要，絕對值得介紹、值得認識，卻很難讀，讀了極端無趣。真要讀漢賦，我們就只能一個字一個字認、一個字一個字解釋，很難有閱讀上的收穫，比較像是在準備中小學生的國語文競賽。

還有第三條標準，那是不得已的私人標準。我只能選我自己有把握讀得懂的傳統經典。例如說《易經》，那是一部極其重要的書，卻不在我的選擇範圍內。儘管歷史上古往今來有那麼多關於《易經》的解釋，儘管到現在都還一直有新出的《易經》現代詮釋，然而，我始終進入不了那樣一個思想世界。我無法被那樣的術數模式說服，也無從分判究竟什麼是《易經》原文所規範、承載的意義，什麼是後世附麗增飾的。遵循歷史式的閱讀原則，我沒有能力也沒有資格談《易經》。

五

選讀，不只是選書讀，而且要從書中選段落來讀。傳統經典篇幅長短差異甚大，文本的難易差異也甚大，所以必須衡量這兩種性質，來決定選讀的內容。

一般來說，我將書中原有的篇章順序，當作內容的一部分；也將書中篇章完整性，當作內容的一部分。這意味著，除非有理由相信書中順序並無意義，或為了凸顯某種特別的對照意義，我盡量不打破原書的先後順序，並且盡量選擇完整的篇章來閱讀，不加以裁剪。

從課堂到成書，受限於時間與篇幅，選出來詳細解讀的，可能只占原書的一小部分，不過我希望能夠在解讀中摸索整理出一些趨近這本原典的路徑，讓讀者逐漸進入、熟悉，培養出一種與原典親近的感受，做為將來進一步自行閱讀其他部分的根柢。打好這樣的根柢，排除掉原先對經典抱持的距離感，是閱讀、領略全書最重要的開端。

第一章

異於道統的奇書

縱橫策士全記錄

《戰國策》是一部來歷不明的書。書中記錄的是發生在「戰國」時期的事，然而此書流傳的版本，頂多只能追溯至西漢的劉向。

劉向在西元前第一世紀末校錄《戰國策》後，寫了一篇〈序〉，那其實就是他將校好的書呈給皇帝，附帶的奏議說明。〈序〉中說：「……所校中《戰國策》書，中書餘卷，錯亂相糅莒。又有國別者八篇，少不足。臣向因國別者略以時次之，分別不以序者以相補，除復重，得三十三篇。……中書本號或曰《國策》、或曰《國事》、或曰《短長》、或曰《事語》、或曰《長書》、或曰《修書》，臣向以為戰國時遊士輔所用之國，為之策謀，宜為《戰國策》。」

從這段話我們知道，劉向在漢代皇室藏書之處（「中書」），找到了好幾個版本，內容大致相同，卻有許多不同的書名，劉向費了大功夫，將這些不同版本內容按照國別編輯，同一國中發生的，再大略依所記錄的事情發生先後排列次序，訂為三十三篇，並將之重新命名為《戰國策》。

取名《戰國策》，牽涉到劉向對這些文章性質的判斷。他認為主要記錄的是戰國遊士獲得國君任用時，所給予的策略謀劃，因而採納了原有的《國策》，再針對其特定時代，增一字成《戰國策》。

劉向〈序〉接著清楚描述《戰國策》的時代範圍：「**其事繼春秋以後，訖楚漢之起，二百四十五年間之事。**」劉向所說的這個範圍，跨到秦統一之後，然而考察現有版本，書中記錄的幾乎都是秦滅六國之前的事，符合一般認定的「戰國」時代。

《漢書・藝文志》將《戰國策》列入「史部」，然而宋代晁公武《郡齋讀書志》，改將《戰國策》放到「子部縱橫家」類別裡。《郡齋讀書志》是現存最早的中國私家藏書目錄，將所收藏之書依照「經」、「史」、「子」、

「集」的方式，予以分類排列。宋代以下，對於《戰國策》究竟應該當作「史書」，或當作縱橫家言論記錄的「子書」來看待，有許多討論。

我們今天可以不需計較堅持一定要在「史」、「子」兩部中找出一個固定分類答案，不過值得思考、理解的，是《郡齋讀書志》為何要改變傳統分類習慣，將《戰國策》挪入「子」部？

其中一個理由是《戰國策》的體例，顯然不是為了讓讀者能明瞭、掌握歷史變化而設計的。劉向編校整理之後，《戰國策》基本上以國別分篇，接著在每一篇中大致按事件發生先後順序排列。然而一來絕大部分的史事牽涉到不只一國，國與國的篇章無法容易地聯繫在一起；二來對於這件事和那件事之間的因果關係，乃至於一國之中比較長遠的歷史發展脈絡，書中全無關照、全無整理。

對照看《戰國策》和《史記．世家》中對於東周各國歷史傳承變化的描述，就能得到清楚的印象——《史記》是為理解歷史服務的「史書」，《戰國策》不是。

那《戰國策》是什麼?形式上,《戰國策》是戰國中紛紜事件的片段片段記錄;內容精神上,《戰國策》選擇記錄的,不見得是對這個國那個國有重大變化意義的事件,而是縱橫策士對各國政治、軍事的遊說、影響。

在這一點上,《郡齋讀書志》是對的。《戰國策》的主角,不是國與國君,不是歷史變化發展,而是縱橫策士。《戰國策》的重點,在於保留當時有名的縱橫家的言談、行為,凸顯在那個時代,這些人曾經如此有勢力、如此重要。

道統之外的奇詭雄辯

「唐宋八大家」之一，宋代的曾鞏，寫過一篇〈戰國策．序〉，序中將此書內容和「孔孟」之教拿來對比。曾鞏認為，孔孟所主張的是「**因其所遇之時，所遭之變，而為當世之法，使不失乎先王之意**」；是「**不惑於流俗，而篤於自信者也**」。他們整理西周禮樂制度，因應東周的變化，延續舊制度的精神，來創建新制度。

相對地，《戰國策》裡記錄的則是：「**此書戰國之謀士，度時君之所能行，不得不然，則可謂或於流俗，而不篤於自信者也。**」這些「謀士」，也就是縱橫遊士，他們揣測國君的心理與態度，提出迎合國君想法的主張，換來國君對他們的信任，採納他們的意見，別看這些遊士表面上好像口若懸河，實際上他們缺乏像孔孟那樣的內在自信精神，不斷觀察別人臉色，見人說人話，見鬼說鬼話。

曾鞏又說：「**戰國之遊士……不知道之可信，而樂於說之易合，其設心注意，偷為一切之計而已。故論詐之便，而諱其敗；言戰之善，而避其患。其相率而為之者，莫不有利焉，而不勝其害也。有得焉，而不勝其失也。**」這些戰國遊士，心中沒有絕對的價值信念，其所選擇的主張，不是依照是非標準，而是著眼於容易說服國君。因此他們表達的方式，很自然傾向於片面，凸顯計謀有利的一面，刻意掩蔽可能帶來的後遺症。結果，按照戰國遊士的意見去做，往往計謀的後遺症代價，還高過表面上帶來的好處。

曾鞏的意見，源自儒家「道統」的立場，然而不失為今天讀《戰國策》時可以放在心上的提醒。《戰國策》最精采的部分，在這些謀士、遊士的雄辯言談。光看他們所談所論，我們很容易覺得真有道理。不過仔細想想，這樣的道理，建立在兩項不那麼穩固的基礎上。

其一，如果其他人都依照正常的道理思考、判斷，那麼謀士、遊士的奇詭之計就能得逞。但如果所有人，或至少大部分的人，都有同樣的奇詭想法，奇詭對奇詭，就不見得能發揮想像中的作用了。

其二，謀士、遊士的基本雄辯技巧，就是一方面放大好處，一方面掩藏相應可能帶來的壞處。如果持平評估，將利害得失都攤在眼前，那麼其利不見得高過其害，所得不見得能彌補所失。眩於其雄辯言詞而忽略了具體的現實條件，往往會帶來嚴重的後果。

換另一個角度看，曾鞏的序文，也代表了傳統上給予《戰國策》的定位。東周變化的核心，是西周的封建秩序，及其連帶的文化價值，逐漸瓦解崩壞。而《戰國策》所記錄的，就是最糟糕的時代、最深的墮落。那個時代，封建秩序及其文化價值被破壞殆盡、蕩然無存，新的一統帝國原則又尚未成形。於是一群沒有絕對是非信念的人，靠著高度發展的語言辯論技巧，一時風靡，成了那個時代的明星、英雄。他們的事蹟、他們的傳奇遭遇，也就進一步誘使一般人遠離舊秩序，甚至不再相信一切秩序。

特殊時代的特殊夢想

戰國遊士、謀士，既是封建身分制崩壞的象徵，也是封建身分制瓦解的產物。不具備「士」以上貴族身分的人，在孔子之後，有了受教育的機會，能夠學得一身理解、干預國政的本事。不具備「大夫」以上貴族身分的人，也都能見到國君，提供國君意見，進而獲得最高的職位。

遊士、謀士經歷、彰顯了從春秋到戰國，社會的翻天覆地變化。這個時候，一個聰明、有能力、口才好的人，在短短一生中，就有機會戲劇性地從一介平民翻轉占有國內最高的「相」位。甚至還有更誇張、更不可思議的，像蘇秦，竟然能佩帶不只一國的「相印」，得到了過去「卿」、「大夫」貴族成員都到達不了的高位。

戰國縱橫家的最高目標，就是「封相」。他們唯一突破不了的，是依然按照血緣傳承的國君地位，所以就追求爬到一國之中僅次於國君的最高地位。蘇秦可以在不只一個國「封相」，也就說明了這樣的政治野心，不受國界限制。出生在這國，很容易就可以到其他國去追求「封相」的夢想，是這個時代給予一般人的另外一項特殊機會、特殊自由。

《戰國策》記錄了這樣一個混亂的時代，記錄了只有這個時代才有可能發生的極端事例。《戰國策》提供的不是戰國時代的全貌，我們不能將《戰國策》的內容設想為當時各國政治的常態，但《戰國策》具體且凸出地表現了只可能出現在那個時代的人與事。

透過《戰國策》，我們明瞭這兩百多年在中國歷史上有多麼特別。中國歷史上有許多亂世，但沒有任何一段亂世像「戰國」那麼長，也沒有任何一段亂世像「戰國」那樣將政治機會向廣大眾人開放，更沒有任何一段亂世在語言與文字的表達上，有如此驚人的變化、發展。

讀《戰國策》，我們需要不斷意識到各國相持互爭一、兩百年的時間背景，在這個背景下，每個當國君的都不得不處於高度的競存焦慮中，生怕漏失了什麼最新、最好的富國強兵之計，如此而鼓勵了「處士橫議」的風氣，創造了廣大、活躍的言論市場，刺激了人們不但要去想出不同的國政方針，還要找到足可以在激烈言論競爭中脫穎而出的新說法。人人都有機會見到國君，但也因此見到國君、讓國君留下印象的機會，在搶奪中變得如此短暫，稍縱即逝，會說話不會說話、能辯不能辯，就成了和想法本身同等重要，甚至更重要、更關鍵的決定性因素了。

另外，若將《戰國策》、《韓非子》和《呂氏春秋》三部書放在一起對讀，我們可以對戰國時代的思想，有更強烈、更全面的認識。除了後世繼續流傳的「儒」、「道」之外，也就是在我們比較熟悉的《孟子》、《荀子》、

《莊子》、《老子》之外，戰國時代還有其他流行的思想。《戰國策》記錄的縱橫家、《韓非子》記錄的法家、《呂氏春秋》記錄的陰陽家，在那個時代，和儒家、道家同等重要，一起激盪競爭。

要對戰國時期「百家爭鳴」有基本的認識，真正感受到這個時代的熱鬧多元，進而充分理解、掌握後來逐漸收束、朝一元化進行的變化，我們不能不至少公平、客觀地認識其他各家流傳下來的代表性文獻，不能不用讀《孟子》、《荀子》、《莊子》、《老子》同等認真的態度，好好讀讀《戰國策》、《韓非子》和《呂氏春秋》。

第二章 開創與淪喪的時代

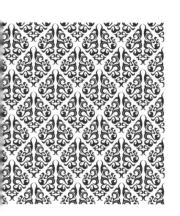

如何搬運九鼎

今本《戰國策》開頭第一篇是「東周」，第二篇「西周」，接下來分別是「秦」、「齊」、「楚」、「趙」、「魏」、「韓」、「燕」、「宋」、「衛」和「中山」。

不管是否出於劉向的安排，這個次第順序明顯反映了漢代的價值評斷。「東周」、「西周」擺放在最前面，因為那是名義上天子所在之處。不過這個「東周」、「西周」不是今天我們慣用慣稱的朝代名，而是到戰國時勉強還存在的兩個小國。春秋時，周天子王廷還在，只是失去了號令諸侯的現實力量；到了戰國，連周天子王廷都消失了，大的、廣義的「周」，只剩下空洞洞、沒有任何內容的名字；原先的王畿區域則幾經變化後，分成兩個小國，就叫做「東周」和「西周」。在戰國的現實政治上，「東周」、「西周」

幾乎沒有任何影響；但在名分上，這兩個小國仍然曖昧地保有了和其他諸國不太一樣的地位。

接在「東周」、「西周」後面，各國排列的順序，基本上依照它們的實力強弱，也依照它們滅亡的時間，愈強、愈晚滅亡的，排得愈前面。這樣的安排，很顯然不會出於戰國之人，必須是明瞭戰國結局，心中明白「秦」是最後贏家，「齊」、「楚」則是撐到最後才被消滅的兩國，才能排出這番次序。

《戰國策》全書第一段文章，開宗明義表白了這個時期歷史變化最主要的方向——周的淪夷、秦的興起。這段文字的標題是〈秦興師臨周而求九鼎〉。象徵、代表周天子君臨天下地位的「九鼎」，由「東周」保存著，有一天，新興的大國「秦」有了將這套寶物據為己有的野心。

「**秦興師臨周而求九鼎，周君患之，以告顏率。顏率曰：『大王勿憂，臣請東借救於齊。』……**」秦出兵逼近東周，有特定的目的。東周是個小國，從列國相爭戰略上，原本不值得秦為之大動干戈，這回秦之所以出兵，擺明了要東周將手上保存的「九鼎」交出來。東周的實力當然無從對抗秦，東周的國君周顯王很擔心，趕緊請教顏率。顏率可能是東周的大夫，也有可能是來到東周，得到東周國君信任的遊士。顏率回答：「不必擔心，我去東邊向齊國求救。」這裡，顏率稱東周國君為「大王」，顯示在地位上，東周和其他國都一樣，並不具備天子的身分。

「顏率至齊，謂齊王曰：『夫秦之為無道也，欲興兵臨周而求九鼎，周之君臣內自盡計，與秦，不若歸之大國。夫存危國，美名也；得九鼎，厚寶也，願大王圖之。』齊王大悅，發師五萬人，使陳臣思將以救周，而秦兵罷。……」顏率到了齊國，對齊宣王說：「秦實在太不像話了，竟然出動軍隊迫近周，要周交出九鼎來。周的國君和臣子想盡一切辦法，決定既然沒有能力保住九鼎，那與其讓九鼎被秦取走，還不如將九鼎交給貴國。」意思就是：如果齊國願意出兵對抗秦國，東周願意將九鼎送給齊國。「出兵解救可能滅亡的小國，可以得到好名聲；如此又能把九鼎重器帶回齊國，希望大王好好考慮一下。」

齊宣王受到了誘惑，立刻下令要陳臣思帶領五萬軍隊前往解救東周之危。秦國不願和齊國發生正面軍事衝突，於是就退兵了。

「齊將求九鼎，周君又患之，顏率曰：『大王勿憂，臣請東解之。』顏率至齊，謂齊王曰：『周賴大國之義，得君臣父子相保也，願獻九鼎。不識大國何塗之從而致之齊？』……」可是以九鼎為酬謝的條件，換取齊國出兵嚇走秦國，東周仍然保不住九鼎啊？顏率這算什麼救東周、保九鼎的計謀呢？

秦退兵了，齊當然就來要九鼎，怎麼辦？顏率胸有成竹，又去了齊國，客客氣氣對齊宣王說：「太感謝貴國了，讓周得以解危。我們信守承諾，要將九鼎送過來，但不曉得貴國打算從哪條路將九鼎運送過來？」

「齊王曰：『寡人將寄徑於梁。』顏率曰：『不可。梁之君臣

欲得九鼎，謀之暉臺之下，少海之上，其日久矣，鼎入梁，必不出。』……」齊王說：「就從魏國借道運來。」魏惠王時，魏國為了避秦國之迫，將國都遷到「大梁」，所以又稱「梁國」。從周王畿到齊，地理上最直接的走法，就是穿過魏國。然而顏率警告：「不能這樣。魏國國君和臣下想要得到九鼎，想很久了！經年累月在暉臺之下、少海之上商量謀畫。九鼎一旦進入了魏國境內，魏國一定會將九鼎扣留，不會讓九鼎離開國境送到齊國來的。」顏率特別提「暉臺」、「少海」，那是魏國有名的臺閣池苑，凸顯魏國的國力，魏國可不是像東周這種小國，是一個有能力興築「暉臺」、「少海」，也就是有能力抗拒齊國的大國。

齊王了解了，決定換一條路運送九鼎：「**齊王曰：『寡人將寄徑於楚。』對曰：『不可。楚之君臣，欲得九鼎，謀之於葉庭之中，其日久矣。若入楚，鼎必不出。』……**」換一條路，往南邊走，經過楚，再北上運到齊。顏率的對應，和前面幾乎一模一樣。魏想要九鼎，楚就不想嗎？

魏是能建「暉臺」、「少海」的大國，難道楚就是小國嗎？楚也有氣派的「華庭」（或稱「章華亭」），楚要把九鼎扣住了，你齊能如何？

魏不能走，楚也不能走，那還有什麼別的路嗎？「**王曰：『寡人終何塗之從而致之齊？』顏率曰：『弊邑固竊為大王患之。夫鼎者，非效醯壺醬甀耳，可懷挾提挈以至齊者；非效鳥集烏飛、兔興馬逝，灕然止於齊者。……』**」

顏率就說：「是啊，我們私下也都很替齊國擔心這件事啊！這鼎呢，一來不像裝醋的壺、裝醬油的瓶，可以拎在手上，藏在懷裡就帶到齊國來；二來也不像鳥會聚集、烏會飛、兔會跳、馬會跑，可以自動抵達齊國。……」

鼎要如何搬遷、移動呢？「**『昔周之伐殷，得九鼎，凡一鼎而九萬人輓之，九九八十一萬人，士卒師徒器械被具所以備者稱此。今大王縱有其人，何塗之從而出？臣竊為大王私憂之。』……**」

顏率解釋：「當年周打敗了殷商，得到殷商的九鼎，為了運送九鼎而大動員。一口鼎要九萬人一起牽繩合力才拉得動，九鼎就需要八十一萬人來拉。光是拉鼎的人力還不夠，有護衛的軍隊、後勤挑夫、負責器械工具服裝的人，加起來和拉鼎的人數差不多。」光是動員這樣的人力就夠困難的，齊王要搬九鼎，卻還比周要搬殷商九鼎更困難，當年周還不需要考慮走哪條路的問題呢！「就算大王能動員這麼龐大的人力，有什麼路能讓九鼎安全順利抵達齊國呢？我真是替大王擔心，找不出答案來啊！」

聽到這裡，齊宣王懂了，也就發脾氣了。「**齊王曰：『子之數來者，猶無與耳！』**……」「搞了半天，你來了好幾次，結果還是不把九鼎給我嘛！」「**顏率曰：『不敢欺大國，疾定所從出，弊邑遷鼎以待命。』齊王乃止。**」看齊王發脾氣了，顏率趕緊安撫：「我們絕對不敢欺騙貴國，只要你們快快決定了要從哪條路運送九鼎，我們立即把九鼎搬出來，等你們來取。」齊王息怒了，但也無計可施，終究找不到可以安全運送九鼎的辦法，靠顏率的巧計，九鼎繼續留在東周。

秦國主導了時代氛氣

以這一段作為《戰國策》全書開場，應該是有意的選擇，不是無意的偶然。這個故事清楚顯現了周王室沒落的程度，天子地位沒有了，控制範圍僅限於「東周」、「西周」兩個後世歷史鮮少記錄的小國，小到連保護「九鼎」的基本能力都沒有了。

這個故事另外讓我們立即掌握了《戰國策》的主題、主軸。《戰國策》的重點不在記錄發生了什麼事，而在什麼樣的人使得這件事以這種方式發生。《戰國策》的每一段、每一則，都有一個主角，而且主角絕大部分都是遊士、謀士。人而非事，是《戰國策》彰顯的重點。「人」如何藉由其計謀、口才或臨機反應，創造了、改變了「事」。「事」和「人」緊密牽連，一定有一個人，或幾個人，靠計謀、口才、臨機反應，改變了「事」，使不可能的成為可能，才值得被載入《戰國策》中。

第一段故事的主角，是顏率。而製造顏率登場機會的，是秦國的野心。秦最終創建了帝國，取代了周天子的一統地位，當然重要；還有，戰國遊士、謀士現象的興盛，和秦的關係最為密切。

就連用來代表遊士、謀士的專有名詞「縱橫家」，都是源自於秦。「縱橫」是「合縱連橫」的縮寫，而「合縱」和「連橫」則是因應秦的興起才有的兩套外交謀略。從秦孝公任用商鞅實施變法之後，秦明顯地快速壯大崛起，對其他各國形成了巨大威脅。如何應對這個西邊新興的強國？

「合縱」主張：東方六國應該聯合起來，共同防堵秦國。秦國再大，大不過六國加起來的力量，事實上當時只要齊和楚兩個大國加起來，就比秦國強了，但齊、楚都和秦隔得很遠，沒有防秦的迫切性，因而「合縱」的主要關切者，是與秦國比鄰的韓、趙、魏三國。

「連橫」主張剛好相反，認為東方各國應該積極追求和秦結盟，任何一國能和秦連成東西橫線的同盟，立刻就取得了安全與發展上的保障，既不用擔心秦的威脅，又能利用秦的壯大，在和周遭其他鄰國的關係上取得優勢。

該「合縱」，還是該「連橫」？一度成為各國最關心的焦點，因應這個巨大的外交議題，而有了許多遊士、謀士對各國國君穿梭遊說，爾虞我詐，各懷鬼胎。

由此我們可以看出，早在統一六國之前，秦在西方邊陲興起，就已經是戰國時代最驚人的大事了。從現實政治面看，秦是戰國時代最大的變數，也是各國國君念茲在茲避不開、逃不掉的心理陰影。沒有秦的興起，不會有「合縱」、「連橫」，不會有「縱橫家」這個名稱，也不會有那麼熱鬧的「縱橫」遊說、雄辯現象。

能臣的悲劇

「衛鞅亡魏入秦，孝公以為相，封之於商，號曰『商君』。商君治秦，法令至行，公平無私，罰不諱強大，賞不私親近。法及太子，黥劓其傅。朞年之後，道不拾遺，民不妄取，兵革大強，諸侯畏懼。……」

這一段講的就是秦國興起強大的關鍵。衛鞅就是商鞅，他原本是衛國的公子，他的父親衛痤加入了遊士的行列，在魏惠王——也就是《孟子》和《莊子》書中多次提到的梁惠王——的王廷為相。衛痤重病將死，魏惠王問他推薦誰來繼任為相，衛痤推薦了自己的庶子衛鞅。魏惠王不覺得衛鞅有那麼大的本事可以擔任魏相。大概是為了凸顯衛鞅潛而未顯的能力吧，衛痤就警告魏惠王：「如果不能任用我這個兒子，你最好把他殺了，免得他的能力被其他國所用，對魏國形成威脅。」因為有衛痤的這番話，所以衛鞅倉皇從魏國出亡，到了秦。

秦孝公肯定衛鞅的能力，不只任他為相，還給他「商」這個地方作為封地，因而在秦，他就被尊稱為「商君」，後世隨而稱他為「商鞅」。

商鞅治理秦國，最關鍵的做法，就是「法令至行」，意思是法令高於一切，尤其是高於原本的封建身分規範。法令不管身分，地位再高、權力再大的人，犯法一樣受罰；身分再低，與權力中心沒有任何身分、私人關係，做了法令規定應該受賞的事，一定同樣得到獎賞。也就是「信賞必罰」。

「法令至行，公平無私」，實際上就是徹底否定、推翻了舊有的封建秩序邏輯。封建秩序講究的是「分」，既是「位分」，也是「分別」。人與人的對待，是非的判斷，都要放入封建宗法關係中來決定，父親對待兒子的方式，絕對和兒子對待父親的方式不一樣；大夫與大夫之間的行為規範，也絕對不同於世卿與家臣之間的行為規範。

商鞅把這些舊思考、舊儀軌擺在一旁，只認新訂定的法令。為了凸顯法令的至高權威，就連太子犯了法，都一樣不放過。他不能、不敢真正處罰太子，但就在太子老師身上施加了黥刑，又割了他的鼻子。一年之後，秦國明顯改變了，東西掉在路上都沒有人會撿去據為己有，人民不敢有拿不屬於自己東西的貪念，在軍事和武器上快速成長強大，以至於其他國家都為之擔心害怕。

「然刻深寡恩，特以強服之耳。孝公行之八年，疾且不起，欲傳商君，辭不受。孝公已死，惠王代後，莅政有頃，商君告歸。……」

然而，這種認法而不認身分的作法，缺點就是待人嚴厲，傷害很深，不容易讓人感受到恩惠溫暖，基本上是靠強力壓制使人不敢反抗而已。

孝公施行商鞅的變法政治八年後，得了重病將死，想要將王位傳給商鞅，商鞅拒絕了。今本《戰國策》的文句是「欲傳商君」，不過以當時諸侯列國的情勢看來，將王位傳給沒有血緣的異姓，可能性很低，因而比較可信的說法應該是「欲傳商君」，將輔佐新王的責任與權力，交付給商鞅，而商鞅拒絕了。拒絕的理由不難想像——他曾經用那麼粗暴的方式責罰太子來建立自己與法令的權威，太子怎麼可能像秦孝公那樣信任他呢？

秦孝公死後，原來的太子即位為秦惠王，秦惠王開始親政，不久後，商鞅正式請辭，要離開秦國，回到衛國去。

「人說惠王曰：『大臣太重者，國危；左右太親者，身危。今秦婦人嬰兒皆言「商君之法」，莫言「大王之法」，是商君反為主，大王更為臣也。且夫商君固大王仇讎也，願大王圖之。』商君歸還，惠王車裂之，而秦人不憐。」

有人就勸秦惠王：「國內大臣握有太大的權力，會危害國家；國君太親信身邊的人，會危害自己的生命。現在秦國就連婦人、小孩開口閉口說的，都是『商君之法』，而不是『大王之法』，都覺得法令出於商鞅，而不是大王，好像商鞅才是國君，國君您反而是他的臣子似的。很明顯，商鞅的權力已經大到足以危害國家了。而且商鞅本來就和您有讎，希望大王好好考慮考慮。」

秦惠王考慮了，也決定了。商鞅回到魏國，但他在魏國也不受歡迎，於是又再次到了秦國，秦惠王抓住機會，就將他車裂分屍了。商鞅得到如此殘忍的下場，秦國卻也沒有人同情他。

看起來，商鞅這種「刻深寡恩，特以強服之耳」的方式，很不得民心。不過，在歷史上，儘管商鞅被新王殘酷地殺了，他為秦國定下的變法制度，並沒有隨而滅絕。雖然秦惠王在被商鞅削權的舊貴族慫恿下殺了商鞅，但他很快就意識到：人民服從在一致的法令下，減少了身分差異帶來的特權，真正獲利的是國君。國君高高在上，拉開了和臣下貴族之間的距離，是商鞅變法帶來的實質效果，一旦當了國君，秦惠王也就不會想要回到原先和貴族、世卿分享權力的情況了。

「商君之法」變成了「大王之法」，但「法令至行，公平無私，罰不諱強大，賞不私親近」的基本原則沒有改變。如此而讓秦國在戰國局勢中脫穎而出。

人話鬼話都能說

從秦孝公到秦惠王，秦國快速壯大，衝擊了原有的列國形勢，也讓東方諸國感到備受威脅。從這裡生出了新的外交想法與主張，也從這裡打開遊士、謀士活躍的新空間。

因而《戰國策》書中，接在〈衛鞅亡秦入魏〉之後，下一篇就是〈蘇秦始將連橫〉。蘇秦是「縱橫家」的始祖，也是戰國中後期的傳奇人物。他的成就太神奇，他的起落太戲劇性，以至於在戰國史料中留下了許多和蘇秦有關的記載。然而仔細比對這些蘇秦資料，我們會發現至少有一部分在時代背景或事件經過上，不太可信。要麼不太可能發生那樣的事，不然就是從時間上看，那樣的事不太可能和蘇秦有關。

顯然，蘇秦的名號太響亮了，所以許多原本和蘇秦無關的事，後來都被歸在蘇秦身上；可能也有一些刻意誇大神化蘇秦的說法，到處流傳。我們得小心別將這些故事、說法都當作史實了。

例如，《戰國策．齊策》中有一段〈孟嘗君將入秦〉，說：「孟嘗君將入秦，止者千數而弗聽。蘇秦欲止之，孟嘗曰：『人事者，吾已盡知之矣，吾所未聞者，獨鬼事耳。』……」東方大國齊國最重要的公子孟嘗君，要遠赴秦國。這件事很危險，因而大部分的齊人都反對，有上千人來勸孟嘗君不要去，孟嘗君都不聽。

蘇秦也要勸孟嘗君別去。聽說蘇秦也要來勸，孟嘗君很不耐煩地說：「那麼多人來說了那麼多道理，只要是和人有關的道理，我都聽過、也都聽夠了！除非他要說的是鬼事，只有鬼的道理我才沒聽過、不曉得吧！」

孟嘗君的話，其實是要明白拒絕蘇秦，不相信蘇秦還能說出什麼「千數人」沒說的理由，能讓他改變心意。為了強調這點，所以用「吾所未聞者，獨鬼事耳」作為誇張對比。

「**蘇秦曰：『臣之來也，固不取言人事也，固且以鬼事見君。』……**」話傳過去，沒想到蘇秦竟然抓住了「人事／鬼事」的對比，回應說：「我本來就沒打算要來說人的道理，就讓我來說說鬼的道理吧！」

他這麼說，孟嘗君沒有理由再拒絕，大概也會很好奇想聽聽蘇秦要說什麼樣的「鬼事」吧。「**孟嘗君見之。謂孟嘗君曰：『今者臣之來，過於淄上，有土偶人與桃梗相與語，桃梗謂土偶人曰：「子西岸之土也，挺子以為人，至歲八月，降雨下，淄水至，則汝殘矣。」土偶曰：「不然，吾西岸之土也，土其復西岸耳。今子東國之桃梗也，刻削子以為人，降雨下，淄水至，流子而去，則子漂漂者將何如？」……』**」

蘇秦來了，對孟嘗君說：「我這次來，經過淄水邊，遇到了一個泥做的土偶和一個桃木刻的木偶在說話。」兩個原本沒有生命的「偶」在說話，這還真有鬼，果然是「鬼事」，而非「人事」。「木偶對泥偶說：『你是用淄水西岸的泥土造成的，八月下大雨，淄水河裡漲水，你就完了。』土偶回應木偶說：『恐怕不是這樣吧！我本來就是西岸的泥土，水淹過來，我頂多就是回復為西岸的泥土，仍然留在原地。至於你呢？你是東邊的桃木做的，下大雨河裡漲水，水來就把你沖走了，你會在水上漂啊漂，不曉得被漂到哪裡去。真正完蛋的，是你吧！』……」

「『今秦四塞之國，譬若虎口，而君入之，則臣不知君所出以矣。』孟嘗君乃止。」說了土偶和木偶對話的「鬼事」，蘇秦當然還是要回到「人事」上，對孟嘗君說：「秦是地形完固之國，不管發生了什麼事，有其不變的根基。你去到這種地方，就像入了虎口般，有得進，但有得出嗎？我實在看不出有哪條是你可以從秦出來的路啊！」孟嘗君才終於打消了去秦國的念頭。

這是個無關列國勢力消長的小故事，《戰國策》裡很多這種顯現辯士機智的有趣故事。蘇秦機靈地抓住孟嘗君一句關於「鬼事」的玩笑話，就編了一段木偶和土偶的對話，藉它們的對話顯現一個道理，用今天的流行語言說，就是「主場優勢」。你去到人家家裡，那是他的地盤，他再怎麼輸都有主場的資源支撐他。但你在別人家裡，能有什麼保障呢？又怎麼可能討到什麼好處？明明是個必輸的局面嘛！

一九七三年長沙馬王堆出土的帛書中，有一份《戰國縱橫家書》，提供了我們漢初關於蘇秦的史料，對比傳留下來的《戰國策》，有不少出入。最關鍵的，是蘇秦和張儀兩人的時代對不上。張儀比蘇秦早死三十多年，蘇秦活躍的時代，張儀已經不在人世了。由這點上回推，《戰國策》中關於蘇秦的記錄，很多都不太可靠。

與其將〈孟嘗君將入秦〉的故事視為真正發生在齊國的史實，不如將之看做是後世對於蘇秦形象的一種反應。蘇秦成了「縱橫家」的原型人物，什麼樣誇張、精彩的辯說故事，放在蘇秦身上，都可以增加吸引力與可信度。換個方向看，任何以蘇秦為主角的故事，也都刺激關心「縱橫家」讀者的好奇與興趣。

聖王賢君從來不怕打仗

蘇秦真正最關鍵的作為，寫在《戰國策・秦策》的這段記錄中：

「蘇秦始將連橫，說秦惠王曰：『大王之國，西有巴蜀漢中之力，北有胡貉代馬之用，南有巫山黔中之限，東有肴函之固。田肥美，民殷富，戰車萬乘，奮擊百萬，沃野千里，蓄積饒多，地勢形便，此所謂天府，天下之雄國也。以大王之賢，士民之眾，車騎之用，兵法之教，可以併諸侯，吞天下，稱帝而治。願大王少留意，臣請奏其效。』……」

蘇秦原本是主張「連橫」的，他先去見秦惠王，發動他的遊說攻勢：「秦西邊有巴、蜀、漢中這些平原地區，有農業生產上的利益；北邊有胡、代所產的動物資源，有馬又有狐貉毛皮可供使用；南邊有巫山、黔中的險要地形阻擋；北邊則有肴山、函谷關，容易固守。田地豐饒，人民富足，軍隊強大，能夠動員萬輛戰車，百萬士卒。土地不只肥美，而且面積廣大，蓄積甚多，還兼有地勢上的優勢，這就是所謂的『天府』，簡直像是天上才有的居所條件，放在人間，當然是數一數二的雄國。以您的才能，加上眾多人口、大量車騎，配合上對的兵法教練，一定可以兼併諸侯，將天下納入掌中，稱帝統治。如果大王有一點意願的話，我可以為大王負責實現這件事。」

文中出現「稱帝而治」的說法，反映了戰國後期的政治動向。「帝」原本是商朝商人用語，用來指涉具備跨越人鬼兩界能力的人，商朝最高權力者稱「帝」，他們可以透過像「卜」那樣的管道，和祖先魂靈溝通。商人信仰中的至高權威，也就是「天帝」或「上帝」。周人翦商之後，拋棄了商人這套人、鬼互動的信仰與制度，代之以高度人文性的組織，因而周人最高領袖不再稱「帝」，改稱「天子」或「王」。

然而從春秋後期，幾個諸侯大國開始僭用「王」的稱號，到戰國時代，原本封建制度的「公侯伯子男」身分層級全都失效了，大家都是「王」，國與國相爭，王與王角力。發展到戰國後期，更進一步，有了終結列國情勢的統一野心，也就需要尋找一個統一後高於「王」的權力名號，於是「帝」又被搬出來，代表比「王」更高的權力位子。

「秦王曰：『寡人聞之：毛羽不豐滿者，不可以高飛；文章不成者，不可以誅罰；道德不厚者，不可以使民；政教不順者，不可以煩大臣。今先生儼然不遠千里而庭教之，願以異日。』……」

蘇秦表示願意替秦惠王實現「併諸侯、吞天下、稱帝而治」的夢想，但秦惠王並不領情：「我聽說：『羽毛還沒長好，不可以冒險高飛；文章法令還沒有訂定完成，不可以任意用重刑；道德累積不夠厚，沒有資格役使人民；政治教化尚未貫徹，沒有資格勞煩大臣。』」這一段話，秦惠王應該是引用現成的套語格言，《戰國策》記錄了許多這種當時流傳的格言。格言，又是那個時代的另一項特色，從「雄辯」語言衍生出來的一種權威話術。

秦惠王接著說：「先生您特地不遠千里來到我的王庭上給我指教，我很感激，但時機不對，我和秦國還沒有準備好要做這樣的事，請容我等一段時間再說吧。」

「**蘇秦曰：『臣固疑大王之不能用也。昔者神農伐補遂、黃帝伐涿鹿而擒蚩尤、堯伐驩兜、舜伐三苗、禹伐共工、湯伐夏、文王伐崇、武王伐紂、齊桓任戰而伯天下，由此觀之，惡有不戰者乎？……』**」

蘇秦的反應是先感嘆：「唉，我來之前就擔心你要跟我這樣說，覺得你不會接受我的建議。」意思是，你的說法早在我意料之中，因此我也早想好了怎麼進一步跟你解釋我的道理。解釋的方式，是用最簡捷的方式將當時人知道的歷史整理一遍。

這又是戰國謀士慣用的一種辯術，援引歷史來支持論點。因為歷史在戰國有了這種辯論、說服上的實用功能，也就使得那個時代的歷史知識大幅膨脹，包括歷史的系譜都在戰國被大幅推前。謀士鋪陳歷史時，在意的是辯論、說服上的效果，不會那麼講究事實，必要時就予以簡化、扭曲、誇張、甚至捏造，以至於到今天面對戰國文獻上所說的種種歷史事蹟，我們必須保持警戒懷疑的態度，不能將之單純就視為史實。

「神農討伐補遂、黃帝討伐涿鹿並把蚩尤抓了起來、堯討伐驩兜、舜討伐三苗、禹討伐共工、湯討伐夏、文王討伐崇、武王討伐紂、齊桓公依恃武力戰爭而得以成為天下霸者，從這樣的歷史過程看，有哪個明王聖君不打仗的呢？」

這裡的關鍵字是「伐」，蘇秦將自文明開端到春秋的歷史，簡化為一連串的「伐」，一連串的戰爭，顯示歷史的主軸、改變歷史根本的力量，是「伐」，是戰爭。

「『**古者使車轂擊馳，語言相結，天下為一。約從連橫，兵革不藏；文士並飭，諸侯亂惑；萬端具起，不可勝理。……**』」

接著，蘇秦用華麗排比的言詞，解釋為什麼「伐」那麼重要，為什麼歷史的主軸是一連串不止息的戰爭。他所鋪排的，其實就是一種治亂交錯、文武互起的循環史觀。

「古時君王靠著武力，兵車奔馳交雜，以及口頭上的談判盟約，讓天下得而統一。然而統一了之後，各方勢力仍然私下交接連結，沒有真正將武器放下收起不用。文士運用巧妙的語言，使諸侯混亂疑惑，各種事端同時發生，讓人無法悉數處理。……」

「『**科條既備，民多偽態；書策稠濁，百姓不足；上下相愁，民**

無所聊；明言章理，兵甲愈起；辯言偉服，戰攻不息；繁稱文辭，天下不治；舌弊耳聾，不見成功；行義約信，天下不親。……』」

「好不容易訂定了規則條款，人民就知道如何鑽漏洞造假；治理所需的公牘文書又多又密，弄得人民疲憊不堪，無益於人民進行生產、累積財富；君臣上下忙碌煩愁，人民卻無所依賴；教化規定的道理說得清楚明白，卻反而有更多的武力糾紛；話說得愈有力，看起來愈能服人，結果征戰卻無法被言詞平息；言詞說得愈多，天下反而愈加難以治理；說話的人口乾了，聽話的人耳朵快聾了，都不會有成就；君王的行為合乎正義，言語守信用，天下之人仍然不願親附。……」

「『於是乃廢文任武，厚養死士，綴甲厲兵，效勝於戰場。……』」

事實證明了，君王只靠規定、言詞，是治理不了天下的，「於是轉而廢文用武，用重酬培養不怕死的武勇戰士，大量製造盔甲，將兵器磨利，到戰場上求取效果……」

「『**夫徒處而致利，安坐而廣地，雖古五帝三王五伯明主賢君，常欲坐而治之，其勢不能，故以戰續之。寬則兩軍相攻，迫則杖戟相撞，然後可建大功。……**』」戰爭是不可或缺的必要手段。蘇秦接著解釋：「光是坐在那裡，就能得到利益，就能擴張土地，就連過去最了不起的五帝三王五霸，都做不到。不是他們不想如此輕鬆簡單地治理天下，是天下現實態勢不允許。必定要以武力、戰爭為後盾、為手段。有大仗、有小仗，大仗要動員軍隊列陣作戰，小仗則混用木棍兵器近接搏鬥，有這種不怕使用武力的心態，才能建立大功。……」

「『**是故兵勝於外，義強於內；威立於上，民服於下。今欲并天下、凌萬乘、詘敵國、制海內、子元元、臣諸侯，非兵不可。……**』」「所以武力在外戰勝了，才有條件在內強化規範；靠戰爭支撐起君王高高在上的權威，才能讓人民在底下乖乖服從。現在想要兼併天下，凌駕於其他萬乘大國之上，嚇退敵國，壓服海內，保養人民，叫諸侯都臣服，非得靠武力不可。」

這裡我們還可以特別注意《戰國策》記錄的蘇秦言詞。這一小段中，先是用了以四個字為單位的整齊句法——「兵勝於外，義強於內；威立於上，民服於下」，八字一組，互相對應，接著一轉改用連串的三字句型——「并天下、凌萬乘、詘敵國、制海內、子元元、臣諸侯」，然後才總結強調「非兵不可」。

顯然，這樣的文句，不單只是要傳遞字面上的意義，更重要在講究其聲音與節奏的效果。若是從前面「昔者神農伐補遂……」開始一路唸下來，我們能夠清楚感覺到那排比對句產生的聲音壓迫感，以及中間幾度轉折的節奏變化。有重複有變化，有快有慢，加速或減速，自有其道理。例如，一連串的三字短句，聽得人快要喘不過氣來，以此增加了「非兵不可」這四個字的分量。

「『今之嗣主，忽至於道，皆惛於教、亂於治、迷於言、惑於語、沈於辯、溺於辭，以此論之，王固不能行也。』」蘇秦這段話的結論是：「現在這些年輕剛即位的國君，對於真正的治國之道都沒有足夠的準備，無法分辨正確的意見，對如何治理國家缺乏有條理的看法，很容易被別人的言語迷惑了，沉溺於愛聽巧妙的論辯言詞。從這樣的普遍現象來看，您的確無法接受、實行我的意見。」

合縱連橫任君選

蘇秦說「王固不能行也」，當然不是真的認定秦惠王不會採納他的意見。他用的是當時辯士常用的「激將法」，在那個「處士橫議」的時代，很多君王都擔心錯過了什麼好建議，導致在國與國的競爭中落後，因而對遊士、謀士很客氣。遊士、謀士不怕得罪君王，就有了故意刺激、惹怒君王的這種遊說策略。

可惜，蘇秦的「激將法」對秦惠王無效。「**說秦王書十上而說不行，黑貂之裘弊，黃金百斤盡，資用乏絕，去秦而歸，羸縢履蹻，負書擔橐，形容枯槁，面目犁黑，狀有歸色。歸至家，妻不下紝，嫂不為炊，父母不與言。……**」

他隨後多次上書給秦王（顯然失去了再度面見秦王的機會），秦王都不理。時間久了，他身上像樣的黑貂皮衣破了，帶來的錢也用完，找不到資源來打理生活，只好黯然離開秦國回家去。回去時的模樣是：纏著綁腿，踩著破鞋，自己挑著書和行李，又瘦又乾，灰頭土臉，帶著慚愧不得志的表情（「歸色」即「愧色」）。落魄回到家，家人也沒給好臉色，妻子繼續坐著織布沒有起身，負責家中飲食的嫂嫂沒有為了他回來特別去生火，父母也不跟他說話。真是好慘啊！

「**蘇秦喟嘆曰：『妻不以我為夫，嫂不以我為叔，父母不以我為**

子，是皆秦之罪也！』……」蘇秦感嘆說：「妻子不把我當丈夫，嫂嫂不把我當小叔，父母不把我當兒子，這都是秦國所造成的啊！」他準確描述了自己歸家的慘狀，將之歸咎於秦國，於是人生方向有了一百八十度的轉變，從原先「始將連橫」，轉成帶著報復心情，與秦為敵。

「**乃夜發書，陳篋數十，得太公《陰符》之謀，伏而頌之，簡練以為揣摩。讀書欲睡，引錐自刺其股，血流至足，曰：『安有說人主不能出其金玉錦繡，取卿相之尊者乎？』……**」於是立即發憤連夜打開幾十口舊書箱，翻啊找啊，找到了姜太公兵法書《陰符》中所記的種種奇謀，他就彎腰伏案苦讀，而且用心從中間篩選（「簡練」），找出他要的仔細揣摩。讀書累了有睡意，就拿錐子刺自己的大腿，刺出血來一直流到腳上，一邊責罵自己：「哪有人去遊說國君卻沒本事讓國君拿出金銀財寶來，沒本事得到卿相地位與權力的!?」

「**期年，揣摩成，曰：『此真可以說當世之君矣。』於是乃摩燕**

烏集闕，見說趙王於華屋之下，抵掌而談。趙王大悅，封為武安君，受相印，革車百乘，錦繡千純，白璧百雙，黃金萬溢，以隨其後。約從散橫，以抑強秦。……」

過了一年，他自覺學習完成了，說：「這樣一定可以說服現在的國君了。」於是就前往靠近「烏集闕」這個地方，以趙國國君為目標，在華屋山下真的見到了趙王。趙王聽了蘇秦的說法，大為贊同，立刻將他封為「武安君」，頒給他趙國的相印，同時給他一百輛兵車跟隨著他，上面載了一千匹錦繡、一百雙白璧，加上二十萬兩黃金（「溢」即「鎰」，一鎰為二十兩）。

趙王為什麼「大悅」，又為什麼給予那麼慷慨的賞賜？這段最後兩句才揭露答案：蘇秦的建議是「約從散橫」，主張東方六國應該「合縱」，形成聯合陣線，打散原先各國個別和秦結盟的「連橫」形式，用這套策略來壓制強大的秦國。

配相印、附贈豐厚賞賜，是給蘇秦的配備，讓他能夠到其他各國去，遊說國君們「約從散横」，這樣對趙國來說，是最好的安全保障。在地理位置上，趙國和秦國鄰接，特別感受到秦國快速壯大帶來的直接威脅。

翻身就靠一張嘴

「故蘇秦相於趙而關不通。當此之時，天下之大，萬民之眾，王侯之威，謀臣之權，皆欲決於蘇秦之策。不費斗糧，未煩一兵，未戰一士，未絕一弦，未折一矢，諸侯相親，賢於兄弟。……」

一時之間，蘇秦發揮了很大的作用。他以趙國國相身分「約從散横」，使得東方六國結成反秦同盟，以至於秦國的勢力被擠壓在函谷關以西出不來（「關不通」）。那段時期，天下那麼大、人民那麼多、王侯權威地位那麼高、各國謀臣有那麼多計策，通通都必須看蘇秦的計策來決定。光靠蘇秦的計策，不用打仗，沒有任何耗費，東方六國的諸侯竟然就彼此親近，互相對待比兄弟都還來得好。

這裡我們看到了《戰國策》中典型以排比來表現的誇飾文句。「天下之大，萬民之眾，王侯之威，謀臣之權」是一組排比，然後「不費斗糧，未煩一兵，未戰一士，未絕一弦，未折一矢」又是一組排比。前面一組誇張顯現蘇秦權力之大，後面一組誇張顯現蘇秦光靠一張嘴所能完成的奇蹟事業。

「**夫賢人在而天下服，一人用而天下從，故曰：『式於政，不式於勇；式於廊廟之內，不式於四境之外。』……**」再接一句誇張的話，總結蘇秦的厲害：光靠他一個人就改變了天下，讓天下服從。然後引用一句既有的格言加重分量，所以說：「能力要用在對的地方——用在政治上，別用在武勇打仗；用在權力集中的宮殿上，別用到荒遠的地方去。」

「**當秦之隆，黃金萬溢為用，轉轂連騎，炫熿於道，山東之國，**

從風而服，使趙大重。……」蘇秦所做到的，是面對秦國快速興起強大的局勢，靠著趙國給他的黃金，騎馬乘車到處奔走，沿途炫示他的計謀，結果讓秦以外的各國，都聽從他的說法，大大提高了趙國的地位。

「**且夫蘇秦特窮巷掘門桑戶棬樞之士耳，伏軾撙銜，橫歷天下，廷說諸侯之王，杜左右之口，天下莫之能伉。……**」建立起如此驚人成就的蘇秦是什麼樣的人呢？他原先不過就是住在死巷底，牆上打個洞就當門，拿彎曲桑木充當門軸的窮士罷了！然而這樣一個人，竟然變身成為坐在車中，意興風發扶著車把，橫行天下，到每個王廷直接面見各國國君，讓國君左右之人乖乖閉嘴，全天下沒有人能夠抵抗他、和他作對。

「**將說楚王，路過洛陽，父母聞之，清宮除道，張樂設飲，郊迎三十里，妻側目而視，傾耳而聽，嫂蛇行匍伏，四拜自跪而謝。……**」蘇秦要到楚國遊說時，路過洛陽，這次回家得到的待遇，和上次形成天壤之別。父母聽說他要回洛陽，趕緊打掃房屋、清潔街道，張羅音樂演奏並預備酒席，遠遠出到城外三十里來迎接。他的妻子不敢眼對眼正面看他，只能低頭別臉恭敬聽他說話。他的嫂嫂跪在地上爬走，拜了四拜向他請罪。

「蘇秦曰：『嫂，何前倨而後卑也？』嫂曰：『以季子之位尊而多金。』蘇秦曰：『嗟乎，貧窮則父母不子，富貴則親戚畏懼。人生世上，勢位富貴，蓋可忽乎哉？』」看到嫂嫂那副模樣，蘇秦諷刺地問：「嫂嫂之前不是擺了個大架子，為什麼現在變得那麼卑屈呢？」嫂嫂竟然也就很認真地回答：「因為弟弟你現在地位那麼高、又那麼有錢啊！」蘇秦感嘆：「沒錢沒地位，父母都不認這個兒子；有錢有地位，連親戚都怕成這樣。人活在這個世界上，能夠不在乎地位和財富嗎？」

這段蘇秦故事，鮮活顯現了戰國時代特殊的價值觀念。首先，蘇秦見秦惠王時說的那套道理，徹底廢棄了封建宗法的所有規矩，主張「武力至上」、「戰爭決定一切」。

第二，蘇秦說秦王不成，回家研究太公《陰符》，結果產生了和前面主張完全相反的立場，從「始將連橫」轉了一百八十度，成為「合縱」最重要的實踐者。戰國遊士不顧原則、沒有信念，一切只管能不能說服國君以便「出其金玉錦繡，取卿相之尊」的現實態度，表現到極致。

第三，蘇秦之所以能成功，不只因為從主張「連橫」變為主張「合縱」，而且還推翻了自己原先的「武力至上」觀念。他「不費斗糧，未煩一兵，未戰一士，未絕一弦，未折一矢」，光靠一套想法，一張嘴，就把秦國封鎖在函谷關內，完成了戰爭武力達不到的目標。

第四，那個時代，現實勢利的，不只是遊士。一般平民百姓，像蘇秦的家人，也都採取了財富、地位重於親族關係的態度，「貧窮則父母不子，富貴則親戚畏懼」，如此，也就意味維繫親族紐帶的宗法規範，在社會上上下下都失效了。

還有第五點，蘇秦以「窮巷掘門桑戶棬樞之士」的低階身分，可以在短時間內崛起，「伏軾撙銜，橫歷天下，廷說諸侯之王，杜左右之口，天下莫之能伉」，儼然比許多國君都更有權力，戲劇性地彰顯了：從春秋時期開始的社會階級流動，發展到了頂點。一個人的出身愈來愈不重要，有能力、有口才，加上對的機遇，任何人都有可能在這個時代中功成名就，而且一個人在社會上的階級變動幅度，寬泛到近乎無限。

第三章　怎樣遊說才有效

遊士無祖國

戰國時代之所以稱為「戰國」，因為的確各國之間處於長期持續戰鬥的狀態中。可以用來阻止戰爭、節制戰爭的機制，都失靈無效了。《戰國策》揭開了持續不斷戰爭的表面現象，讓我們看到，決定戰爭打不打、怎麼打、會贏會輸、誰輸誰贏，很大一部份是由這些遊士、縱橫家們奔走提出的意見所決定的。

這不是戰國歷史的全貌，但絕對是戰國時代重要的特色。我們在中國歷史上任何其他時代，再也看不到這種無所忌憚的現實原則，絕對的軍事主義，以及理所當然的權力詭詐了。我們在中國歷史上任何其他時代，再也看不到這種毫不猶豫以言詞、謀略來換取財富、地位的人生價值觀。我們在中國歷史上任何其他時代，再也看不到這種明目張膽追求操控軍事、外交與政治權力的高漲慾望，視之為人生的合法、正常目標。

《戰國策．秦策》講完了蘇秦的故事，接著就講最主要的「連橫」主張者、實踐者——張儀的故事。這樣的記錄順序，很容易讓我們錯覺，以為蘇秦奔走「合縱」在先，然後才有張儀以「連橫」之計破之。不過，歷史事實是，張儀早於蘇秦。蘇秦入秦見秦惠王時，「連橫」其實早已是秦國的既有國策。蘇秦的主張裡頭，秦惠王不願接受的其實是「武力至上」，而不是「連橫」。還有，張儀主張「連橫」時，還沒有蘇秦奔走六國以「合縱」相抗，張儀當時真正的對手，是公孫衍而不是蘇秦。

「張儀說秦王曰：『臣聞之：「弗知而言為不智；知而不言為不忠。」為人臣不忠當死，言不審亦當死，雖然，臣願悉言所聞，大王裁其罪。……』」

張儀見了秦惠王，一開頭先引用一段格言：「不懂就亂說是『不智』，懂了有知識卻不說，那是『不忠』。」接著表白：「為人臣子的『不忠』，沒有做到知無不言，應當被處死；如果不確實、不謹慎地亂說話，也應當被處死。兩種過錯同樣嚴重，然而我選擇寧可因為說得太多而被處死。我會將我聽到、知道的完整陳述，讓大王來裁量是不是犯了亂說『不智』的罪過。……」

張儀是魏人，從魏到秦去，但一見秦王，他立即表現出忠心耿耿的「人臣」態度。這固然是遊士爭取國君信任的慣用言詞表現，也充分顯現了到這個時候，人臣與國君的關係，已經與出身沒有直接關聯了。人臣可以自由選擇效忠的國君，當然國君也就更可以從眾多不同來源的遊士中尋找他要用、能用的人臣了。

「『臣聞天下陰燕陽魏，連荊固齊，收餘韓成從，將西南以與秦為難，臣竊笑之。……』」「我聽說天下之勢，北邊的燕、南邊的魏、連上楚國、拉住齊國，還加了剩下的韓國，這樣形成了『合縱』，幾國聯合起來要朝西南來和秦國作對。對這樣的說法，我聽了私下偷笑。……」

為什麼「竊笑」？有什麼可笑之處？「『世有三亡，而天下得之，其此之謂乎。臣聞之曰：「以亂攻治者亡，以邪攻正者亡，以逆攻順者亡。」……』」張儀又引用了一句關於「三亡」——三種自取滅亡的方式——的格言。「自己亂卻去攻打治理良好的國」、「自己偏邪卻去攻打正直的國」、「自己居於劣勢卻去攻打居於優勢的國」。他之所以笑，因為「合縱」諸國所做的，正符合格言中說的自取滅亡方式。

值得注意的，這裡張儀用「天下」來代表參與「合縱」的各國。這不是張儀的特殊用法，而是《戰國策》中常見的表達方式。我們閱讀時需稍加留意、小心，涉及「縱橫」時，講「天下」，往往不是我們理解的慣用意思——全天下、全中國，而是將秦排除在外，指的是反對秦、對抗秦的東方諸國。

我們無法追索這種用法的起源，但這中間明顯反映了秦國的高度異質性。在其他各國眼中，秦是不屬於「我們」、不屬於「天下」的異類。一方面因為秦地處西陲，遲至春秋仍然被視為蠻荒地帶，和西周封建宗法的關係沒那麼密切，諸侯互動盟會很少會想到秦國。另一方面也因為到了戰國時代，秦很快就走出一條提升農戰實力的獨特道路，引來其他國家側目。

「『今天下府庫不盈，囷倉空虛，悉其士民，張軍數千百萬，白刃在前，斧質在後，而皆去走，不能死，罪其百姓不能死也，其上不能殺也。言賞則不與，言罰則不行，賞罰不行，故民不死也。……』」

「天下」，也就是「合縱」各國的現實情況如何？「財貨不足，糧倉空虛，就算動員了所有的人民，勉強鋪排出十萬、百萬軍隊，有用嗎？就算用白刃和斧頭層層監督，他們都還是紛紛從戰場上逃走，不願意拚死一戰。人民為什麼不能死戰？因為上面的人不敢真正殺那些逃走的人。這些國家的君王下令要給賞，到頭來卻不給；下令要罰，到頭來也沒罰，不能信賞必罰，人民就不可能為國死戰。……」

相對的，秦國的情況是：「『今秦出號令而行賞罰，不攻無攻（應該是「有功無功」）相事也。出其父母懷衽之中，生未嘗見寇也，聞戰頓足徒裼，犯白刃，蹈煨炭，斷死於前者比是也。夫斷死與斷生也不同，而民為之者，是貴奮也。一可以勝十，十可以勝百，百可以勝千，千可以勝萬，萬可以勝天下矣。……』」

「秦號令一出，賞罰分明，有沒有功勞完全按照事實處理。秦的百姓離開父母懷抱長大後，畢生從來沒見過敵寇，然而一旦聽說要打仗，馬上停住腳步，脫掉衣服，不需要披甲革，不需要拿兵器，都能勇往直前面對敵人的兵器，就算地上有燒紅了的火炭也一樣踏過去，斷然願意奉獻生命，都是這樣的。一個人心中抱持了死或生的決心，打起仗來當然不一樣。秦國人民之所以抱持死之決心，是因為看重、鼓勵奮勇的態度。有死之決心的，一個人可以戰勝十個貪生的人；十個可以戰勝百個；百個可以戰勝千個，千個可以戰勝萬個，有萬個這種不怕死的戰士，就足可以戰勝『合縱』的那幾個國家了……。」

「『今秦地形斷長續短，方數千里，名師數百萬。秦之號令賞罰，地形利害，天下莫如也。以此與天下，天下不足兼而有也。是知秦戰未嘗不勝，攻未嘗不取，所當未嘗不破也。開地數千里，此甚大功也……』」

「現在秦國土地截長補短，算算有好幾千里見方，軍隊號稱有幾百萬。秦的號令賞罰勝過『合縱』諸國；秦的地理條件，也勝過『合縱』諸國。客觀情勢差別案麼大，大到就算秦要把自己送給『合縱』諸國，他們都沒有那種本事能將秦給吞併下去。打仗，秦一定會勝；進攻，秦一定會有所獲；其他國要抵擋秦，一定會被擊破。幾年之間，秦的土地增加了幾千里，確實是很大的成就。……」

想稱霸就要徹底

不過接著張儀口氣一轉，問：「條件、局勢都那麼好，為什麼秦卻還遭到一些麻煩的困擾呢？」「『**然而甲兵頓，士民病，蓄積索，田疇荒，囷倉虛，四鄰諸侯不服，伯王之名不成。此無異故，謀臣皆不盡其忠也。……**』」「現實條件那麼好，卻搞得武器甲革破敗，軍隊人民羸弱，積蓄貧乏，田畝荒廢，糧倉空虛，周圍其他國家不服，甚至沒有辦法取得『霸主』的名號和權力。」既然條件、局勢都對秦有利，那麼問題顯然只能出在人謀不臧上——「沒有別的原因，實在是臣下不夠認真盡職罷了。」

原來，張儀之所以一開頭先表現一副寧犯死罪都要「悉言所聞」，是為了這一段嚴厲批評秦國的話做準備。然而在說出難聽的批評之前，他先鋪陳了一大段對秦的讚美，用這種方式讓國君放鬆敵意。這是很典型、很精彩的

「縱橫家」言說技巧。

「『**臣敢言往昔。昔者齊南破荊，中破宋，西服秦，北破燕，中使韓衛之君。地廣而兵強，戰勝攻取，詔令天下。濟清河濁，足以為限；長城鉅坊，足以為塞。……**』」「請容我從歷史上找出可以用來對照的例子。以前最強的，是齊國。齊國一度強勢降伏了周圍所有的大國，楚、宋、秦、燕、韓、衛都要麼是手下敗降，要麼乖乖聽話。當時齊的土地很廣、兵力強盛，打仗都能贏，進攻都能有所收穫，可以指揮各國。水清的濟水、水濁的黃河，是齊的天然國界；又蓋起了龐大的人工長城，作為防禦關塞。」

「『**齊，五戰之國也，一戰不勝而無齊。故由此觀之，夫戰者，萬乘之存亡也。……**』」「齊靠著打贏了五場主要的戰役，得以成就那麼大的勢力，如果其中一場戰役沒打贏，就不會有這樣強盛的齊。由齊的例子可以得到的結論：戰爭、軍力，是大國的存亡關鍵。……」

「『且臣聞之曰：「削株掘根，無與禍鄰，禍乃不存。」秦與荊人戰，大破荊，襲郢，取洞庭、五都、江南，荊王亡（奔）走，東伏於陳。當是之時，隨荊以兵，則荊可舉。舉荊，則其民足貪也，地足利也。東以強齊、燕，中陵三晉。然則是一舉而伯王之名可成也，四鄰諸侯可朝也。……』」

張儀又引用了一句格言：「砍樹要挖根，不要靠近禍事，才不會有禍。」意思和「斬草要除根」類似，要想避禍，就要徹底，不能心存僥倖靠近禍事邊上。然後說：「從前秦和楚打仗，大敗楚軍，襲取了楚國國都郢，占領了洞庭湖、五渚、江南大塊土地，楚王逃亡，向東躲到陳去。在那時候，只要繼續對楚用兵，就可以攻下楚國，楚國的人民很多、地很大，併了楚國之後，東面可以威脅齊、燕，也可以壓制中部的韓、趙、魏三國。若是那樣，秦就博得了霸主的名聲，周遭的諸侯也都會來朝拜了。……」

「『而朝臣不為，引軍而退，與荊人和。今荊人收亡國，聚散民，

立社主，置宗廟，令帥天下，西面以與秦為難，此固已無伯王之道一矣。……』」「但你的朝臣卻不這樣做，把軍隊退了回來，同意楚人講和。現在楚人收拾殘力，重新將人民聚攏，立起社稷之主，設置宗廟，楚國變成了『合縱』各國的領導者，西向來和秦國作對。唉，秦國就如此失去一次成為霸主的機會了。……」

史實不是重點

這裡，我們必須暫停一下，考究史實。《戰國策．秦策》另有一段文章，標題為〈頃襄王二十年〉，文章開頭就說：「**頃襄王二十年，秦白起拔楚西陵，或拔鄢郢夷陵，燒先王之墓，王徙東北保於陳城，楚遂削弱，**

為秦所輕。」這段講的和前引張儀話中所說的，顯然是同一件事。但這裡明白記錄為發生在頃襄公二十年，也就是西元前二百八十七年。張儀在秦封相，是西元前三百二十八年，比這件事早了四十年，他怎麼可能在封相之前，就拿這件事來遊說秦惠王呢？

參照其他史料，我們很容易能確認：秦攻楚拔郢，楚王奔陳，絕對晚於張儀在秦封相。也就是說，《戰國策》這段不可能是紀實的，張儀絕對說不出這樣的話來。為了加強遊士、謀士說話的強度，而放入不符史實內容的情況，在《戰國策》中經常出現。再次提醒：《戰國策》不是一部史書，其編寫的著眼點不在提供戰國史事記錄，而在表現「縱橫家」的精采言說與策略，為達這個目的，其編寫者不惜在時間上進行乾坤大挪移，在記事上窮盡誇張、戲劇化之能事。

回到「張儀說秦王」的文章，張儀表示：秦國失去了一次稱霸的機會後，又來了第二次機會。「**『天下有比志而軍華下，大王以詐破之，兵**

至梁郭，圍梁數旬，則梁可拔也。拔梁則魏可舉；舉魏則荊、趙之志絕；荊趙之志絕，則趙危；趙危而荊孤。東以強齊燕，中陵三晉，然則是一舉而伯王之名可成也，四鄰諸侯可朝也。……』」

「接著，『合縱』諸國將聯軍布置在華山下，大王以謀略攻破了他們，秦軍打到了魏的國都大梁的城外，這時候只要將花幾十天圍攻大梁，就能促成連鎖反應。圍攻大梁幾十天，大梁就能攻下來；大梁攻下來，接著就能併吞魏國；併吞了魏國，楚國和趙國的聯盟意志就動搖了；兩國聯盟意志動搖了，趙國就危險了；趙國危險了，楚國就被孤立了。如此，秦東面可以威脅齊、燕，也可以壓制中部的韓、趙、魏三國。秦就搏得了霸主的名聲，周遭的諸侯也都會來朝拜了。……」

「『**而謀臣不為，引軍而退，與魏氏和。令魏氏收亡國，聚散民，立社主，置宗廟，此固已無伯王之道二矣。……**』」「但你的朝臣卻不這樣做，把軍隊退了回來，同意魏國講和。現在魏國收拾殘力，重新將人民聚攏，立起社稷之主，設置宗廟，唉，秦國就如此失去第二次成為霸主的機會了。……」

第二次機會也沒了，還有第三次。「『**前者穰侯之治秦也，用一國之兵，而欲以成兩國之功。是故兵終身暴靈於外，士民潞病於內，伯王之名不成，此固無伯王之道三矣。……**』」「之前，魏國公子穰侯相秦，存著想要同時有利於秦國和魏國的用心，因而帶領秦國一國軍隊，卻寄望能成就兩國的功業，以至於使得秦國軍隊長期在外打仗，不得休息；秦國人民在內也疲病不堪，不可能讓秦國獲得霸主的名聲，唉，秦國就如此失去第三次成為霸主的機會了。……」

張儀沒有再說這次錯誤源自「朝臣」，穰侯封相可不是「朝臣」決定的。未曾明說，然而指責的方向，隱然對著秦王。

賭上性命

張儀繼續分析秦國錯過的重大時機。「『趙氏，中央之國也，雜民之所居也。其民輕而難用。號令不治，賞罰不信，地形不便，上非能盡其民力，彼固亡國之形也，而不憂民氓，悉其士民，軍於長平之下，以爭韓之上黨，大王以詐破之，拔武安。……』」

東方六國之中，趙國有特殊的弱點。「地理位置處於中間，人民來來去去，流動率高所以很難驅使。趙國號令凌亂，不能信賞必罰，地形又不便於攻守，加上國君也沒有本事能夠讓民力充分發揮。處於有亡國危險的情勢中，趙國國君竟然不憂心人民的狀況，還進行徹底大動員，把軍隊帶到長平，為了爭奪韓國的上黨，被大王您以計謀攻破了他們的軍隊，殺了趙國帶兵的武安君趙括。……」

「『當是時，趙氏上下不相親也，貴賤不相信，然則是邯鄲不守，拔邯鄲，完河間，引軍而去，西攻修武，踰羊腸，降代、上黨。代三十六縣，上黨十七縣，不用一領甲，不苦一民，皆秦之有也。……』」

「長平戰敗時，趙國上下離心離德，貴族和平民彼此猜忌敵視，在那種狀況下，趙國連國都邯鄲都守不住。秦國大可以攻下邯鄲，控制河間，讓軍隊朝西攻打修武，越過羊腸關口，降服代和上黨。算算，代有三十六縣，上黨包括十七縣，不需耗費一件盔甲，不用勞苦任何人民，就通通都歸降屬於秦了。……」

還不只如此，「『代、上黨不戰而已為秦矣；東陽、河外，不戰而已反為齊矣；中呼池以北，不戰而已為燕矣。然則舉趙則韓必亡，韓亡則荊、魏不能獨立。荊、魏不能獨立，則是一舉而壞韓、蠹魏、挾荊，以東弱齊、燕。決白馬之口，以流魏氏，一舉而三晉亡，從者

敗。大王拱手以須，天下遍隨而伏，伯王之名可成也。……』」

又是想像中的連鎖反應。「一旦秦不需耗費兵力就拿下代、上黨，那麼趙國從齊國那裏奪來的東陽、河外土地，必然也立即被齊占回去；燕也必然占領中呼池以北的地區，趙等於已經滅亡了。趙滅亡了，韓國也就守不住；韓國滅亡了，楚國、魏國也不能獨立了。如此一舉就同時又滅了韓、侵蝕了魏、挾持了楚，大幅削弱東邊齊國和燕國的實力。如果再決開白馬津的河堤，引河水沖灌魏國，那麼一下子趙、韓、魏三國就都從地圖上消失了，『合縱』徹底破滅，大王您占盡一切優勢，什麼都不必做，光是拱手等著，其他各國就隨而降服，霸業就成了。……」

然而，和前面一樣，「**『而謀臣不為，引軍而退，與趙氏為和。以大王之明，秦兵之強，伯王之業尊不可得，乃取欺於亡國，是謀臣之拙也。……』**」「但你的朝臣卻不這樣做，把軍隊退了回來，同意趙國講和。以大王您的聰明才智，加上秦國軍隊的強大實力，竟然搞到現在霸王之業還高高在上無法企及，還要被明明該亡的各國欺侮，這都是因為你的朝臣太拙劣了啊！……」

「『且夫趙當亡不亡，秦當伯不伯，天下固量秦之謀臣一矣。乃復悉卒，乃攻邯鄲，不能拔也，棄甲兵怒（弩），戰慄而卻，天下固量秦力二矣。軍乃引退，并於李下，大王又并軍而致與戰，非能厚勝之也，又交罷卻，天下固量秦之力三矣。……』」

而且這件事還有非常嚴重的後遺症。「趙應該亡國而沒有亡，秦應該稱霸而沒有稱霸，於是東方各國可就看穿了秦國朝臣的能力了。這是第一項後遺症。所以他們才敢又恢復了軍備，秦這時才打邯鄲，結果打不下來，嚇了一跳，棄甲退兵，如此一來，東方各國又看穿了秦國真正的戰鬥實力。這是第二項後遺症。敗軍退卻後，在李下收攏聚集，大王您又加派了部隊增援，也還是沒能取得壓倒性的大勝，再度罷兵，東方各國就更是看扁了秦國的實力。這是第三項後遺症。」

「『內者量吾謀臣，外者極吾兵力，由是觀之，臣以天下之從，豈其難矣？內者吾甲兵頓，士民病，蓄積索，田疇荒，囷倉虛；外者天下比志甚固，願大王有以慮之也。……』」「人家把我們裡外都看透了，清清楚楚秦國的朝臣和軍隊有多大本事，那麼我還真得不客氣地說，他們要『合縱』來對付秦國，哪有什麼難的呢？」秦自己把情勢搞到相反了，「秦這邊軍隊疲憊，人民萎靡，缺乏蓄積，田地荒蕪，糧倉空虛；『合縱』那邊卻有著強烈的聯盟意志，我真的希望大王您看清楚這種危機狀況，好好考量，不可輕忽啊！……」

「『且臣聞之：「戰戰慄慄，日慎一日。苟慎其道，天下可有也。」何以知其然也？昔者紂為天子，帥天下將甲百萬，左飲於淇谷，右飲於洹水，淇水竭而洹水不流，以與周武為難。武王將素甲三千領，戰一日，破紂之國，禽其身，據其地，而有其民，天下莫（不）傷。……』」

張儀真是愛引用格言啊，這裡引用的是：「小心謹慎，每天都比昨天更小心謹慎一點，如果能遵循這樣的謹慎道理，就能征服天下。」他說：「怎麼知道這說的有道理呢？從前商紂王統領天下時，帶領了百萬戴甲雄兵，他的軍隊強大到廣布在淇谷到洹水之間，左邊將淇水給喝乾了，右邊將洹水也給喝乾了，以這麼大的勢力和周武王對抗。周武王只帶了三千名披素甲的士兵，只戰了一天，就攻破殷商，捉了紂王，占領他的土地，領有他的人民。發生了這種事，卻沒有人同情、可憐紂王的。……」

「『智伯帥三國之眾，以攻趙襄主於晉陽，決水灌之，三年，城且拔矣。襄主錯龜數策占兆以視利害，何國可降？而使張孟談於是潛行而出，反智伯之約，得兩國之眾，以攻智伯之國，禽其身，以成襄子之功……。』」

再舉一個時代比較接近的例子。「春秋末年，晉國的幾個大夫混戰，智伯帶領了智、韓、魏三家的軍隊，去攻打趙襄子，決開河堤灌趙，攻了三年，趙的城池快要守不住了。趙襄子用龜卜占卦求吉凶利害，看應該向哪一國投降最好。過程中卻想出了挑撥離間三家的計謀，派張孟談偷偷出城，破壞了韓、魏兩家和智伯之間的盟約，韓、魏軍隊倒戈攻伐智伯，捉了智伯，成就了趙襄子的功績。……」

這兩個都是反例，要秦王注意，別自滿於已有的實力，忽略了「慎」之重要，那就會像紂王或智伯那樣，稍不提防，便一夕亡國了。

最後，張儀總結說：「『今秦地斷長續短，方數千里，名師數百萬。秦國號令賞罰，地形利害，天下莫如也。以此與天下，天下可兼而有也。臣昧死望見大王，言所以（舉）破天下之從，舉趙、亡韓、臣荊魏、親齊燕，以成伯王之名，朝四鄰諸侯之道。大王試聽其說，一舉而天下之從不破，趙不舉，韓不亡，荊魏不臣，齊燕不親，伯王之名不成，四鄰諸侯不朝，大王斬臣以徇於國，以主為謀不忠者。』」

這段話重申秦國優越的條件，表示自己來，提供了讓秦能稱霸的方法，如果秦亡聽從了，卻得不到使「合縱」瓦解，韓趙滅亡，楚魏降服，齊燕親近的效果，那就大可以將張儀砍頭，作為謀臣不夠忠誠的警惕。

階級不再是壁壘

從史實上看，前面那段文章中提到的秦攻入楚都郢、秦趙「長平之戰」兩件事，發生的時間都晚於張儀相秦，也就是張儀剛入秦見秦惠王，絕對不可能未卜先知拿這兩件事來進行遊說。

《戰國策》捏造了這段對話中的部分內容，為了讓張儀的說法更加雄辯滔滔，以排山倒海的論證壓向秦惠王。還有，讓後世的讀者強烈認同論者、辯者。有那麼多次可以稱霸的機會，你們竟然都平白放過，你們都在想什麼、都在幹什麼啊？一邊讀著，我們一邊在心中如此忿忿地質疑著。

這正是《戰國策》要創造的效果。前後兩段文章，蘇秦說秦和張儀說秦有何不同？說的對象都是秦惠王，為什麼張儀成功了，蘇秦卻失敗了，以至於落拓回家轉變了立場？

關鍵差異在：蘇秦說：「打仗最重要，一切由武力決定。」張儀卻說：「武力很重要，但判斷更重要。判斷對了，順勢而為，不須損耗武力都能大有收穫；判斷錯了，該打不打，不該和而和，原有的武力優勢都會快速喪失。」蘇秦的說法，不需要輪到遊士來跟國君說，國君如果接受了，也不會覺得有因此而任用遊士的必要。張儀的說法卻是再直接不過地表彰謀士比武力更重要，所以多次指斥「而謀臣不為」。

為了凸顯「辯」的力量，《戰國策》經常不惜竄改史實，堆疊時代錯亂的材料，讓記錄中的辯談更加強悍，無法抵擋、無法反駁。

「辯」就是用語言來改變別人的行為。從春秋到戰國，語言的運用，人們看待語言的方式，經歷了快速、巨大的變化。

在《論語》中，孔子說的是道理的結論，這件事應該如何，這個問題應該有的答案是什麼，面對某種情境，人應該有的行為又是什麼。絕大部分用的是平鋪、單向的陳述句。到了《墨子》書中，墨子說話的方式就不同了。墨子不只要講一套道理，要給結論，而且還要解釋：為什麼你應該接受這個結論、相信這套道理。

孔、墨的表現差異，一定和兩人的身分不同有關。孔子自覺地繼承了「王官學」的傳統，認定社會紛亂攪擾，源自於人們不再理解、不再依循封建之「禮」，因而他所承擔的責任，就是告訴人們「禮」當如何，從「禮」的精神原則上進行指導。

墨子沒有這種來自「王官學」的地位。他的出身較低，因為春秋時期社會變亂才得以興起，取得發言權。他批判原有的封建「禮」、「樂」過度鋪張浪費，他主張廢除原有的封建身分差距，代之以一視同仁的「兼愛」，這些都不是當時既有的價值，因而墨子必須多費唇舌才能讓人明瞭他的意見。

「辯」的概念，「辯」的方法，由「墨家」起源，不是意外，同時也就確立了「辯」的一項基本性格。「辯」是「下對上」的一種說服行為；因為缺乏地位上的優勢，無法用身分來保障言論的權威，所以不得不講究說話的技巧，以言談上的本事來填補說者與聽者間的高度差異。

第四章　機鋒百變

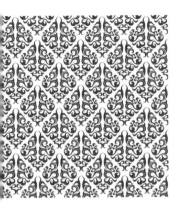

進諫不須硬碰硬

《戰國策．趙策》中有一篇〈趙太后新用事〉。

「**趙太后新用事，秦急攻之，趙氏求救於齊，齊曰：『必以長安君為質，兵乃出。』太后不肯。……**」趙惠文王死，孝成王即位，因為年紀小，由太后實際掌管政事。秦國看趙國新舊交替，有機可趁，就發動了對趙的猛烈攻擊。趙國自身的軍事實力不足以抵擋秦國，因而去向東方大國齊國求救，齊國的回覆是：「把長安君送到齊國來做人質，就出兵，否則免談。」長安君是孝成王的弟弟，也是太后所生，年紀更小，太后捨不得，不肯答應齊國的條件。

「**大臣強諫，太后明謂左右：『有復言令長安君為質者，老婦必唾其面。』**」然而趙國的情勢太危急了，非要求得齊國救兵不可，大臣紛紛極力對太后勸諫。太后心意已決，就明白宣告：「還有人說要讓長安君去當人質的，我一定會把口水吐到他臉上。」那時，太后年紀不過才三十出頭，其實是位個性強悍的少婦，但基於身分，所以自稱「老婦」。

「左師觸讋願見太后，太后盛氣而揖之。入而徐趨，至而自謝曰：『老臣病足，曾不能疾走，不得見久矣。竊自恕，而恐太后玉體之有所郄也，故願望見太后。』太后曰：『老婦恃輦而行。』曰：『日食飲得無衰乎？』曰：『恃鬻耳。』曰：『老臣今者殊不欲食，乃自強步，日三、四里，少益耆食，和於身也。』太后曰：『老婦不能。』太后之色少解。」

太后表明不受諫，怎麼辦？大家都沒辦法了，左師觸讋願意一試。觸讋去見太后，太后料到他還是來諫讓長安君去當人質的，全身繃緊如同刺蝟般，擺出強硬的姿態和觸讋打招呼。

打過招呼後，觸讋慢慢地走過來，走到太后面前先道歉告罪：「我腳不好，最近這段時間走路走不快，所以很久沒見到太后了。自己的身體出問題，也就不免擔心太后的身體會不會有什麼不適之處，所以來求見太后。」「自恕」就是推己及人，自己身體不好，所以擔心太后會不會也身體不好。觸讋用這種方式，解釋了自己好一陣時候沒見太后，為什麼此時卻出現，解消太后認為他是特別為了人質之事而來的防衛。

太后沒那麼容易就放下防衛，對觸讋的說法，她的反應是簡短而不客氣的：「我都坐車。」意思是：不需要你推己及人擔心我的腳，我不走路的，沒有你的那種問題。

觸讋繼續好意地問：「那最近飲食如何？胃口有減退嗎？」太后繼續沒好氣地回答：「我都只吃粥。」觸讋又說：「我現在常常沒胃口，不想吃東西，就勉強自己走路，每天走三、四里，這樣可以增進老人的食欲，對身體有好處。」太后回答：「我做不到。」話還是說得很硬，但臉色變得沒那麼壞了，感受到觸讋好像真的關心自己，不只是拿這些客套話來當勸諫的開場白。

「左師公曰：『老臣賤息舒祺最少，不肖，而臣衰，竊愛憐之，願令得補黑衣之數，以衛王宮，沒死以聞。』太后曰：『敬諾。年幾何矣？』對曰：『十五歲矣，雖少，願及未填溝壑而託之。』……」

觸讋說：「我的兒女中最小的一個是舒祺，還沒培養出像樣的才能，但我就已經老了，私下難免特別疼他、替他擔心，希望能讓他進到宮中，穿上黑衣制服做個衛隊成員，有個保護王宮的職位。我大膽向太后請求。」一聽觸讋這樣說，太后原本的防衛敵意就都放下來了。原來是要替小兒子請託，不是要勸諫長安君的事啊！所以太后立即一口答應：「當然可以。小兒子今年幾歲？」回答：「十五歲，儘管要當衛士還小，但我希望能在自己死掉埋葬前將他的未來請託給太后。」

「太后曰：『丈夫亦愛憐其少子乎？』對曰：『甚於婦人。』太后笑曰：『婦人異甚！』對曰：『老臣竊以為媼之愛燕后賢於長安

君。』曰：『君過矣，不若長安君之甚。』……」

太后問：「像你這樣一個大男人，也會偏心特別疼小兒子啊？」太后此問，就掉進觸讋刻意安排的情境裡了。話題從觸讋的兒子，轉到了是否偏心疼小兒子。觸讋說：「男人疼起小兒子來，比女人、比媽媽還嚴重。」對話到這裡，太后笑了，因為她覺得眼前是一個能夠了解她疼小兒子心情的人，這麼一段時間來，都在跟反對、批評她疼小兒子的人對立、抗爭，難得有此機會能放鬆下來。

太后笑著說：「你錯了，做媽媽的疼小兒子比較嚴重。」觸讋有備而來：「不，我看你就比較疼嫁到燕國去的女兒，沒有那麼疼長安君。」注意，這裡觸讋對太后換了一個稱呼，不再正式地稱「太后」，而是說「媼」，兩人之間變成了平等閒話家常的氣氛。太后說：「錯了錯了，當然是比較疼長安君。」

「左師公曰：『父母之愛子，則為之計深遠。媼之送燕后也，持

其踵為之泣，念悲其遠也，亦哀之矣。已行，非弗思也，祭祀必祝之，祝曰：「必勿使反。」豈非計久長有子孫相繼為王也哉？』太后曰：『然也。』……」

觸讋就解釋：「父母怎麼疼兒女？一定是替他長遠著想，幫他做好未來打算。妳送女兒出嫁時，倒在地上握著她的腳踝哭，想到她要離家到那麼遠的地方去，所以難過成那樣。很顯然她離開後妳不可能不想念她，但是每次祭祀時，妳卻都向神明請求：『千萬不要讓她回來啊！』為什麼這樣？為什麼不要她回來？不就是期待她在燕國一切順利，生了孩子，她的子孫能在燕國接連擔任國君嗎？（如此，由「后」而「太后」，她的身分會使得她難以回到趙國來。）」太后說：「是這樣沒錯。」

「左師公曰：『今三世以前，至於趙之為趙，趙主之子孫侯者，其繼有在者乎？』曰：『無有。』曰：『微獨趙，諸侯有在者乎？』曰：『老婦不聞。』……」然後觸讋突然換了一個話題問：「從三家分晉，趙國成立以來到現在，趙國國君的子孫封為列侯的，有三代一直承繼不斷的嗎？」太后說：「沒有。」觸讋進一步問：「別光看趙國好了，其他諸侯國中，有封侯後連續三代順利繼承的嗎？」太后想了一下，說：「還真沒聽說過有。」

看看，戰國時代真是變化激烈啊！過去穩定的封建秩序已經完全不是那麼回事了。國君的兒子分封出去，到他的兒子、孫子，就都保不住原有的封國與地位了。在這個時代當貴族也不容易，如此沒有保障，難怪做媽媽的把女兒嫁出去了，要祈禱她不要回來，顯然嫁到他國遇到政治權力鬥爭變動因而被波及遇禍的，所在多有。

「『此其近者禍及身，遠者及其子孫，豈人主之子孫則必不善哉？位尊而無功，奉厚而無勞，而挾重器多也。今媼尊長安君之位，而封之以膏腴之地，多予之重器，而不及令有功於國，一旦山陵崩，長安君將何以自託於趙？老臣以媼為長安君計短也，故以為其愛不若

燕后。』……」

觸讋說出了其中關鍵的道理：「這不是很奇怪嗎？國君的兒子們，有的及身就出了問題遭受災禍，有的到了子孫時也就難逃失國的變亂，難道是因為國君的子孫就特別差嗎？當然不是。真正的原因在他們沒有樹建什麼功績就處於高位，沒有對國家有什麼貢獻就享有豐厚供奉，手上還保有一大堆金玉寶物。現在妳給長安君那麼高的位子，給他那麼肥沃的封地，又不斷賞賜金玉寶物，卻不讓他有機會對趙國建立功績，那麼一旦妳離開這個世界了，長安君要如何找到依賴，能在趙國好好過下去呢？顯然妳沒有替長安君長遠的未來好好著想規畫，所以我才會覺得妳比較疼女兒啊！」

在太后來不及防備的情況下，觸讋已經把要勸諫的話說完了。「**太后曰：『諾，恣君之所使之。』於是為長安君約車百乘，質於齊，齊兵乃出。……**」太后立即回應：「好，就都聽你的吧。」於是準備了百輛車隊，送他到齊做人質，齊兵也才出動了來救趙。

「**子義聞之曰：『人主之子也，骨肉之親也，猶不能恃無功之尊，無勞之奉，而守金玉之重也，而況人臣乎！』**」文章最後，以一位當時的智者、賢者的評論作結：「身為人主之子，和國君之間有骨肉之親，具備了最高的貴族身分，都還不能夠理所當然地沒有功績坐享高位、不勞動而得到豐厚供奉、守住金玉寶物，那就更不用說作為人臣的了！」

古聖先賢都是好理由

這段故事尖銳地點出了戰國時代的一項劇變——貴族身分不足恃。封建制度中的親族關係只留著表面，國君的兒孫，習慣性地得到高位、封地，血緣身分給他們這些特殊待遇，然而血緣身分卻不足以讓他們能夠長期保有得到的高位、封地。

取而代之的新原則、新規範，是赤裸裸的功利算計。你是誰沒那麼重要，你對國家有什麼用，才是重點。這種降低身分差異、抬高功用價值的變化，在商鞅變法中最早落實為制度。很快地，隨著秦的強大，這套想法也就散播、感染了其他各國。

戰國時期，不只作貴族沒那麼理所當然，連作國君都沒那麼理所當然了。從春秋中後期一路下來，原來幾百個西周封國紛紛覆滅，只剩下不到十個主要的國。這樣的慘痛現象，哪個國君能不放在心上呢？必須隨時小心翼翼、戰戰競競才能維持住自己的國、自己的國君地位，大部分的國君長期處在焦慮狀態中。也就是針對他們的焦慮，才會有熱鬧的「處士橫議」現象，冒出了各式各樣的主張，國君不敢不聽，生怕自己落伍沒跟上最新的潮流，更怕自己漏失了哪個治國的賢才，讓人才跑到鄰國敵國去威脅到自己。

從這樣的歷史背景看，子義的評語其實有點脫節。他還是站在舊封建觀念上感慨貴族的陵夷，他沒有看到新時代的「人臣」結構也改變了，「人臣」當然得有功、有用，只要你能證明自己有功、有用，「人臣」可以擺脫原來的封建層級限制，甚至擺脫封國界線，遊走各國、快速崛起。比起從前，貴族愈來愈難當，但「人臣」卻有了更大的發揮空間。

別人勸不動趙太后，因為他們強調的都是從國家角度考量，應該把長安君送到齊國去，這件事對趙國有利。觸讋勸得動趙太后，因為他點出了：把長安君送到齊國去，有利於長安君。觸讋的「辯術」重點，在於消弭了原本和太后之間的地位及立場差距，巧妙地將兩人對話的性質，轉變為兩個家長間的經驗交換。觸讋的出發點是「怎麼做對小孩最好？」不再是「怎麼做對趙國最好？」如此有效地扭轉了太后的看法。

接著來讀《戰國策．魏策》中的〈魏惠王死〉，看一下「辯術」的另一種風格、另一種作用。

「魏惠王死，葬有日矣，天大雨雪，至於牛目，壞城郭，且為棧

道而葬。……」故事的背景是魏惠王（也就是《孟子》、《莊子》書中多次出現的「梁惠王」）死了，訂好了下葬的日子，但接近下葬日，下起大雪，雪積到牛眼睛的高度，也就是超過了一米深，城郭都毀壞了。太子決定要另外搭棧道跨越城郭來進行葬禮。

「**群臣多諫太子者，曰：『雪甚如此而喪行，民必甚病之，官費又恐不給，請弛期更日。』太子曰：『為人子而以民勞與官費用之故，而不行先王之喪，不義也，子勿復言。』……**」

群臣很多人都勸諫太子：「雪下成這樣卻堅持進行葬禮，硬搭棧道出行，人民一定會覺得很痛苦，一定會有很多怨言，而且還要增加大筆花費，錢沒有著落啊。最好還是放棄原來的日期，改訂別的日期。」太子說：「作人子的，竟然因為人民勞苦和考慮花費就不將先王下葬，是不對的，你們都不要再說了。」

「**群臣皆不敢言，而以告犀首。犀首曰：『吾未有以言之也，是**

其唯惠公乎？請告惠公。』惠公曰：『諾。』……」這些人不敢再說了，趕忙將這件事報告當時的魏相犀首，犀首聽了說：「我也想不到有什麼話可以說的，恐怕只有惠公有辦法吧？你們去報告惠公吧。」惠公，就是惠施，曾受魏惠王重用，而且是有名的雄辯者。惠施知道了這件事，說：「好，我來處理。」

「駕而見太子，曰：『葬有日矣？』太子曰：『然。』惠公曰：『昔王季歷葬於楚山之尾，欒水齧其墓，見棺之前和，文王曰：「嘻，先君必欲一見群臣百姓也夫，故使欒水見之。」於是出而為之張於朝，百姓皆見之，三日而後更葬。此文王之義也。……』」

惠施自己駕了車去見太子，見了面問：「葬禮日期訂好了？」意思是問：訂好了所以不能改？太子斬金截鐵回答：「對。」惠施就跟太子說了個故事：「以前文王的父親季歷，死後葬在楚山尾，下葬後欒水侵浸，把墳墓沖壞了，露出棺材的前端。文王看到了，就用高興的口氣說：『啊，父親一定是太想念群臣和百姓了，希望能再見大家一次，才會讓欒水將棺材沖出來。』所以就將棺材挖出來，公開擺放在朝廷上，讓百姓都來看。三天之後，才又改葬。這是文王認為的對的作法。……」

「『今葬有日矣，而雪甚及牛目，難以行，太子為及日之故，得毋嫌於欲亟葬乎？願太子更日，先王必欲少留而扶社稷、安黔首也，故使雪甚。因弛期而更為日，此文王之義也。若此而弗為，意者羞法文王乎？』太子曰：『甚善，敬弛期，更擇日。』……」

惠施繼續說：「現在訂好了下葬的日期，葬禮進行前，卻下起大雪來，積雪高到牛目，路都不能走了，在這種情況下，太子您還堅持要遵守原訂的日期，豈不是讓人覺得太急於要埋葬父親了嗎？希望您可以改變葬禮日期，理由就是先王顯然想要多留一陣子，幫助你支撐社稷、安定人民，才使得雪下到這種程度。延後改期，遵循的是文王認為正確的行為，如此正確的行為你還不願做，難道你認為效法文王是件可恥的事？」太子聽了，連忙說：

「太好了，我這就恭敬地延期另選日子。」

名家與縱橫家的關係

「惠子非徒行其說也，又令魏太子未葬其先王，而因又說文王之義。說文王之義以示天下，豈小功也哉！」

最後這一段，是對這件事的評論。我們不知道下評論的人是誰，但正因為沒有引用任何人名，這段評論最接近《戰國策》的基本態度，最能顯現《戰國策》的整體用意。評論稱讚惠施：「惠施不單只是在別人束手無策時，仍能找出說法來勸諫魏太子，而且成功地使魏太子改變心意，更重要的，還藉機闡明了文王的道理。將文王的道理昭示天下，這還真不是件小功啊！」

這裡鋪陳了「說」的成就等級。好的說客，要在遊說對象擺明了不想聽、不願聽時，還能找到方法，將話說出來。這是第一項要求。話說了，原本自認心意堅定，百分之百不會改變的人，因而在決策上一百八十度大逆轉。這是第二項要求。這兩項很困難的要求，前面的觸讋做到了，惠施也做到了。

惠施還做到了觸讋不及的第三項成就。他藉機將「文王之義」教給魏太子，進一步既然魏太子宣布延期時一定會引用這個說法，也就一併將「文王之義」向天下傳達了。

不過，如果我們拉開視野來看，會發現所謂的「文王之義」，其來歷甚為可疑。這段故事只在《戰國策》中出現過這麼一次，別的文獻都沒有類似的記錄、說法。換句話說，我們根本無法考察這項典故的來源，無法確認這項典故不是惠施編造的。

不管是不是惠施編的，這都不是傳統的、通行的「文王之義」。重點不在其道理，而在其作用。如果沒有這麼冠冕堂皇的「文王之義」，要怎樣讓魏太子改變心意？惠施真正做的，當然不是宣揚「文王之義」，而是機巧地提供了魏太子下台階，讓他可以不用再堅持自己原來的想法，省了大家很多麻煩。

這是戰國遊士、謀士另外一項不容輕忽的作用。他們發明了許許多多「說法」，提供給亂世中的國君用來合理化他們的行為。舊的道理隨著封建秩序瓦解而失效了，國君每天都必須面臨新的狀況，做出決定來。當他們不知該如何做決定時，遊士、謀士替他們出主意。還有更多時候，當他們做出了決定，卻不知該如何向臣下、百姓說明時，遊士、謀士就幫他們找出理由、根據或藉口。

他們提供的理由、根據或藉口，經常來自歷史。就像惠施在這裡做的，說一段歷史典故，尤其最好是關於古代聖人的歷史典故，他所主張的意見，突然就有了權威分量。這樣的習慣，使得戰國成為中國古史大爆發的時代，許多之前歷史的說法在戰國出現，其中很大一部份後來就定案成了中國傳統的歷史知識。但認真地看，也就像這裡惠施說的文王故事一樣，到現在我們很難有把握地分判，究竟有多少真是戰國之前傳留下來，有根有據的史實；又有多少是戰國時代的人，為了「辯」的現實需要，而信口編造的。

另外，惠施一般被列為「名家」人物，然而從這段記載看得出來，「名家」和「縱橫家」其實沒有絕然的劃分。從一個角度看，「名家」是「縱橫家」的衍伸，講求「辯術」講求到一定程度，脫離了「辯術」的實用層次，抽象地探索「辯術」的規則，乃至於以展示令人炫目的「詭辯」為務的，就成了「名家」。換另一個角度看，「名家」也是「縱橫家」的基礎，有了「名家」對於「名」與「實」關係的深入探討，大有助於「縱橫家」們以超脫常識的立場看待語言，從而找出令人難以招架的說服技巧。

昏君可以名利誘之

接下來請讀《戰國策．秦策》中的一段〈齊助楚攻秦〉。

「**齊助楚攻秦，取曲沃。其後秦欲伐齊，齊楚之交善，惠王患之，謂張儀曰：『吾欲伐齊，齊楚方懽，子為寡人慮之，奈何？』張儀曰：『王其為臣約車併幣，臣請試之。』……**」

事件的背景是：齊國幫助楚國攻打秦國，以至於楚占取了曲沃。秦惠王想攻齊報復，卻忌憚齊國和楚國關係密切，若打齊國，楚國會來相救。於是秦惠王就找了張儀來，說：「我打算要打齊國，但齊和楚兩國正要好，你替我想想，有什麼辦法呢？」這其實是明白交付了離間齊、楚的任務給張儀，張儀不能推辭，就說：「大王幫我準備好車馬和錢財，我就去試試看。」

「**張儀南見楚王，曰：『弊邑之王所說甚者，無大大王；唯儀之**

所甚願為臣者，亦無大大王。弊邑之王甚所憎者，無先齊王；唯儀之甚憎者，亦無大齊王。今齊王之罪，其於弊邑之王甚厚，弊邑欲伐之，而大國與之懽，是以弊邑之王不得事令，而儀不得為臣也。……』」

張儀南行去到了楚，見到楚王，表明地說：「敝國秦王最喜歡、最欣賞的，莫過於大王您；我自己最期待能服侍的，也莫過於大王您。而敝國秦王最討厭、最受不了的，莫過於齊王；我自己最討厭、最受不了的，也是齊王。那麼討厭、那麼受不了齊王，所以敝國打算攻打齊國，卻卡著貴國和齊國關係親密，這就使得敝國秦王沒辦法聽命於大王，而我也沒辦法服侍大王。……」

張儀這段話，以「弊邑」開頭，以「而儀不得為臣也」結尾，反映了戰國的特殊君臣關係。春秋時，孔子鄭重其事對齊景公說的「君君、臣臣、父父、子子」（《論語．顏淵篇》）道理，至此完全變樣了。「君」、「臣」不再是固定的關係，不是身分描述，毋寧變成了一種臨時的服務狀態。原來跟隨身分而來的絕對關係，至此變化為可以選擇、也就隨時可能改變的相對位置。張儀不是秦人，只是代表秦國來到楚國，所以對秦稱「弊邑」，若有需要，他也可以拿自己的能力、自己的立場來服務楚王，所以他會理所當然地說：「而儀不得為臣也」。

「臣」不必然服務哪位「君」，甚至「臣」不必然只服務一位「君」。前面看到的蘇秦，說服了趙王之後，先是以趙國身分去遊說東方各國，後來等到「合縱」聯盟具體成形，最風光的時候，蘇秦是「配六國相印」，也就是說，他成了這六國的「臣」，不屬於任何一國。這種事在春秋時期絕對無法想像。

雖然代表秦國來到楚國，張儀卻表明了：我同時也可以服務楚王。這就使得他後面要說的話，立場曖昧，因而格外吸引人。曖昧在：這樣的意見，究竟是代表秦國利益提出的，還是站在服務楚王的私人立場上提出的呢？

「『大王苟能閉關絕齊，臣請使秦王獻商於之地，方六百里。若

此，齊必弱，齊弱則必為王役，則是北弱齊，西德於秦，而私商於之地以為利也，則此一計而三利俱至。』……」

張儀不會天真到以為這樣幾句好話，就能打動楚王，立即接著亮出具體好處來：「大王如果能斷絕和齊國的往來，我會請求秦王將『商於』附近六百里的地奉獻給您。齊國被秦打敗變弱了，就必須聽楚國使喚，如此一來，北邊削弱了齊的力量，西邊讓秦感激，又能把『商於』六百里地納入口袋中，一計而三項利益都得了。」

這樣的條件實在太誘人了，「**楚王大說，宣言之於朝廷曰：『不穀得商於之田方六百里。』群臣聞見者畢賀。陳軫後見，獨不賀。……**」楚王高興地接受了張儀的意見，回頭立即向群臣炫耀：「我（「不穀」是楚王自稱之詞）太厲害了，一下子取得了『商於』附近六百里的田地！」在場的群臣當然都趕緊向楚王賀喜。陳軫（出身於秦，此時在楚王朝廷為臣）之後見了楚王，只有他一個人沒有表示慶賀之意。

「楚王曰：『不穀不煩一兵、不傷一人，而得商於之地六百里，寡人自以為智矣。諸士大夫皆賀，子獨不賀，何也？』陳軫對曰：『臣見商於之地不可得，而患必至也，故不敢妄賀。』王曰：『何也？』……」

楚王問陳軫：「我不必出兵，沒有損傷，就得到那麼大一塊地，我自己覺得很聰明、很有計謀，別人都來祝賀，為什麼只有你不祝賀？」顯然，楚王滿腦子想的都是「商於」六百里地，對於和齊、秦關係的變化，沒認真放在心上。還有，顯然陳軫在楚是以「智」聞名的，因而楚王格外在意：難道你不覺得我做了很聰明、很有智慧的事嗎？

陳軫還真的不以為然。他說：「我看到的是，楚國得不到商於六百里地，而且還一定會惹來禍患，所以不敢隨便祝賀。」被如此潑冷水，楚王當然很不高興地問：「為什麼你這樣看？」

「對曰：『夫秦所以重王者，以王有齊也。今地未可得而齊先絕，是楚孤也，秦又何重孤國？且先出地絕齊，秦計必弗為也。先絕齊，後責地，且必受欺於張儀，受欺於張儀，王必惋之。是西生秦患，北絕齊交，則兩國兵必至也。』楚王不聽，曰：『吾事善矣，子其弭口無言，以待吾事！』……」

陳軫說：「秦國之所以看重大王您的，是因為您和齊國的親密關係，現在六百里地還沒到手，先要斷絕和齊的關係，如此楚國就得不到齊國的協助，陷入孤立，秦國幹麼要在意一個孤立了的楚國呢？如果要秦國先把地交出來，楚國才斷絕和齊國的關係，秦國絕對不會答應。楚先斷絕了和齊的關係，然後再向秦國要求那六百里地，一定會被張儀戲弄，被張儀戲弄了，大王您一定會很生氣。結果是西邊多了和秦國之間的恩怨，北邊又跟齊國絕交，這兩國都會向楚國發兵。」

楚王聽不進陳軫的分析，生氣地說：「我計畫的事好得很，你給我閉嘴別說話，等著看我的事情成功！」

凸顯謀士的角色

「楚王使人絕齊，使者未來，又重絕之。張儀反秦，使人使齊，齊秦之交陰合。楚因使一將軍受地於秦。張儀至，稱病不朝。……」

楚王派人去跟齊國絕交，沒有等到使者回來，又急著再派一個使者去傳遞絕交的訊息。然而，張儀一從楚國回到秦國，也派了使者去齊國，暗中和齊國聯盟。楚王幹麼急著連派兩個使者去跟齊絕交？因為他想的都是那六百里地，要趕緊把地拿下來。他覺得自己已經做到了張儀要的，就派了一名將軍到秦國，去接收那六百里地。但張儀託言生病了，不見楚國來的人。

回頭看，秦王本來給張儀的任務是：去截斷楚、齊兩國的良好關係，以便秦國攻打齊國。然而當張儀發現楚王那麼容易就上當了，基於更大利益的考量，也就可以快速改變策略，反而去跟齊國親善結盟了。這又是典型的戰國時代多變、不可測的國際外交狀況。

「**楚王曰：『張子以寡人不絕齊乎？』乃使勇士往詈齊王。張儀知楚絕齊也，乃出見使者，曰：『從某到某，廣從六里。』使者曰：『臣聞六百里，不聞六里。』儀曰：『儀固以小人，安得六百里？』……**」

楚王聽說張儀不出面，還白目地揣測：「張儀以為我沒有真正和齊斷絕關係嗎？」他就再做得更絕些，派了不怕死的勇士，到齊國去罵齊王，以示楚和齊之間不可能有什麼勾勾搭搭了。張儀確知楚和齊徹底翻臉了，終於病好了，出面見楚國派來接收土地的使者，隨口說：「從這裡到那裡，長六里、寬六里，給你們吧。」使者很驚訝：「六里？我得到的命令是接收六百里土地，不是六里。」張儀回應：「你以為我誰啊？我會有六百里的土地可以給楚國？」

張儀不是秦國，手上當然沒有六百里土地。當時他答應楚國的，是「臣請使秦王獻商於之地，方六百里」，去叫秦王給土地，土地在秦王那裡，不屬於張儀啊！

「使者反報楚王，楚王大怒，欲興師伐秦。陳軫曰：『臣可以言乎？』王曰：『可矣。』軫曰：『伐秦非計也。王不如因而賂之一名都，與之伐齊，是我亡於秦而取償於齊也，楚國不尚全事？王今已絕齊，而責欺於秦，是吾合齊、秦之交也，固必大傷。』……」

使者空手回來，將事情報告給楚王，楚王知道上當了，大怒，立刻就要出兵攻打秦國。陳軫在一旁，問：「我現在可以開口說話了嗎？」因為之前楚王下令，要他「子其弭口無言，以待吾事。」現在看起來事情有了結果，陳軫問「弭口無言」的禁令是否可以解除了？

楚王讓陳軫說話。陳軫說：「攻打秦國不是好計謀。大王還不如將錯就錯，奉獻一座名都，約秦國一起打齊國。反正現在楚和齊的關係破壞了，而且秦原本就想打齊國。楚和秦聯合打齊國，一定能戰勝，有所收穫，那麼等於是給了秦國的，就從齊國那裡補回來，楚國至少沒有損失。如果像大王想的，已經和齊斷絕了，又要報復秦國欺騙我們，等於是我們在促成齊、秦兩國連結起來，那樣一定會給楚國帶來重大傷害。」

「**楚王不聽，遂舉兵伐秦，秦與齊合，韓氏從之，楚兵大敗於杜陵。故楚之土壤士民非削弱，僅以救亡者，計失於陳軫，過聽於張儀。**」

楚王聽不進陳軫的意見，仍然發兵攻打秦國。秦果然和齊聯合對付楚國，而且還多加了韓國進來分一杯羹，三國對一國，楚兵於杜陵之役大敗。這場戰爭造成的結果，楚不只是喪失土地、人民，而是勉強才撐住沒有亡國，追究原因，唉，就在於不聽陳軫之計，卻誤信了張儀啊！

張儀很壞，用這種方式欺騙楚王，不過陳軫的心思跟他一樣狡詐。如果楚王願意聽從陳軫後來的意見，那麼就換成齊國要倒楣了。短短的一段故事，這三國之間的關係，就有多麼複雜的牽扯變化。另外，字面上看不到，但我們能夠想像的，短短一段故事，影響了多少人。給這座城、攻那塊地，從這國換手到那國，住在那裡的人民，生活要遭受多大的波動？更不必說四國動員軍隊混戰一場，裡面有多少人命、有多少血汗。打仗如此頻繁，人民生活如此動亂不安，也難怪人民會愈來愈渴望有一股力量能出來終結國與國之間的衝突，這份渴望促成了戰國後期統一思想的出現，也是秦最終得以「統一六國」的重要基礎。

這段文章的最後一句話，是典型的《戰國策》式結論。將所有的成敗得失，都歸到謀士身上。秦之成功，成在張儀；楚之失敗，敗在不聽陳軫。讀《戰國策》，讀者很容易相信以為：這段時期的歷史，都是由謀士所左右、操控的。

無法抗拒的誘惑

張儀、蘇秦是「縱橫家」的代表，也是《戰國策》記錄的核心主角。《戰國策．楚策》中有好幾篇和張儀有關的文章。

其中一篇是〈張儀之楚貧〉。「張儀之楚，貧，舍人怒而歸。張儀曰：『子必以衣冠之弊，故欲歸，子待我為子見楚王。』……」張儀到了楚國，一時沒有什麼發展，跟隨他的人受不了了，想要離開。張儀就對他說：「你一定是因為衣服帽子破了壞了卻沒辦法換，窮得受不了要離開，別急，你等我，我這就為了你去見楚王。」

這件事應該是發生在張儀入秦之前，張儀最早在魏國發展，後來被公孫衍排擠，魏惠王不用他，他就離開魏到了楚。不過，前面提醒過，《戰國策》所記，不見得都是史實，我們無法、也不必細究這件事發生的年代。

「當是之時，南后、鄭袖貴於楚。張子見楚王，楚王不說。張子曰：『王無所用臣，臣請北見晉君。』楚王曰：『諾。』張子曰：『王無求於晉國乎？』王曰：『黃金、珠璣、犀象出於楚，寡人無求於晉國。』張子曰：『王徒不好色耳！』王曰：『何也？』張子曰：『比鄭、周之女，粉白墨黑，立於衢閭，非知而見之者，以為神。』楚王曰：『楚，僻陋之國也，未嘗見中國之女如此其美也。寡人獨何為不好色也？』乃資之以珠玉。……」

先說一項重要背景，當時在楚王宮中，南后和鄭袖最是受寵。張儀見了楚王，展開了一段極為有趣的對話。

張儀入見，楚王沒給他好臉色，不覺得他有什麼用，對於他來感到不耐煩。張儀說：「顯然大王沒有用到我的地方，我是來向大王道別的，我這就出發去三晉地區拜訪那裡的其他君王了。」

楚王馬上說：「好啊，你去吧！」

張儀問：「有需要我到三晉地區替大王張羅什麼東西嗎？」

楚王說：「不需要，那裡能有什麼了不起的東西？最寶貴的黃金、珠玉、犀角、象牙，都是我們楚地生產的，我什麼都不需要。」

張儀裝出驚嘆的口氣說：「哇，原來大王不好美色，真是稀奇啊！」

楚王的好奇心被逗弄起來了，問：「這什麼意思？」

張儀說：「三晉地區最有名的，是美女。原來的鄭國和王畿地區的女人，化了妝，站在街市上，如果不是本來就知道、就見過的，乍看之下，都會誤以為是神仙下凡了，完全不像是人間會有的女子。」

楚王心動了：「唉，楚國地處偏僻，還真沒見過中原地帶那麼美的美女，我怎麼可能不好美色呢？」於是就給張儀資財，讓他去三晉地區找美女。

「**南后、鄭袖聞之，大恐，令人謂張子曰：『妾聞將軍之晉國，偶有金千斤，進之左右，以供芻秣。』鄭袖亦以金五百斤。……**」消息傳到南后、鄭袖耳中，這不得了了，如果張儀真的找來三晉的美女，兩人既有的地位就不保了。於是南后派人去跟張儀說：「聽說將軍要去晉國，我手上剛好有金千斤，送給將軍當作路上盤纏。」鄭袖也送了金五百斤。

「張子辭楚王曰：『天下關閉不通，未知見日也，願王賜之觴。』王曰：『諾。』乃觴之。張子中飲，再拜而請曰：『非有他人於此也，願王召所便習而觴之。』王曰：『諾。』乃召南后、鄭袖而觴之。……」

張儀收了南后、鄭袖的黃金，要如何處理？他去向楚王告別，說：「現在道路上處處關卡，通行不易，這一去不知要多久才能回來和大王見面，希望大王能賜我飲酒而別。」楚王答應了，擺出酒來。張儀喝得半醉，藉著酒意對楚王一拜再拜提出不情之請：「這裡沒有別人，希望大王能將平日親幸的人找來，陪我喝一杯。」楚王大概也頗有酒意了，一口答應，真的就將自己最喜愛的南后、鄭袖找來跟張儀喝酒。

這裡顯然有男人間的不言默契。張儀要到北方去幫楚王找美女，先看看楚王目前寵幸的是什麼樣的樣貌。

「**張子再拜而請曰：『儀有死罪於大王！』王曰：『何也？』曰：『儀行天下徧矣，未嘗見如此其美也。而儀言得美人，是欺王也。』王曰：『子釋之，吾固以為天下莫若是兩人也。』**」

見到了南后、鄭袖，張儀又對楚王一拜再拜，說：「抱歉，我對大王犯下了嚴重的死罪！」楚王當然莫名其妙：「怎麼回事？」張儀說：「天下我幾乎都走遍了，卻從來沒有見過像眼前兩位這麼美的。我竟然還承諾要去幫大王找美女，我騙了大王，我根本不可能找到比這兩位更美的。」楚王聽了，非但不生氣，還很高興，說：「你不用道歉，我本來就覺得全天下沒有比這兩人更美的了。」

很有趣的小故事，用這種方式，張儀先從楚王那裡拿了錢，又從南后、鄭袖那裏得了更豐厚的賄賂，最後還讓自己從一個不受重視的遊士，轉身變成了可以和楚王私下喝酒講悄悄話的近臣。

第五章　全新的效忠模式

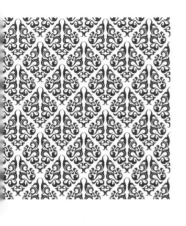

權力的平衡遊戲

接著來讀《戰國策．楚策》中的〈楚襄王為太子之時〉。

「**楚襄王為太子之時，質於齊。懷王薨，太子辭於齊王而歸，齊王隘之：『予我東地五百里，乃歸子。子不予我，不得歸。』……**」

楚襄王還沒即位，在當太子時，被送到齊國作人質。他父親楚懷王死了，他要回楚國接王位，不料被齊王阻擋了，齊王大剌剌地提出敲詐：「給我楚國東部五百里土地，我才讓你回去，不給土地，就別想回去。」

「**太子曰：『臣有傅，請追而問傅。』傅慎子曰：『獻之。地所以為身也，愛地不送死父，不義，臣故曰：獻之便。』太子入，致命齊王曰：『敬獻地五百里。』齊王歸楚太子。……**」

面對這種險惡狀況，太子不知該怎麼做，就回應：「請讓我先問問我的師傅，聽聽他的意見。」所以我們知道，當時太子去當人質，身邊除了一些隨從，也有大臣以「傅」的身分陪伴。楚太子的師傅是慎子，慎子的意見是：「就給吧！土地是用來養活生命的，愛惜土地而不盡到給父親送葬的孝子責任，是不對的，所以我說：就給了吧。」

這裡慎子話中前後兩句，其實傳遞了不同的訊息。前一句「地所以為身也」是實，意思是：你現在在人家手裡，犯不著為了土地冒生命危險，命沒了，或是被扣在齊國回不去，那些土地對你又有什麼意義呢？後一句「愛地不送死父，不義」是虛，是慎子幫楚太子想好的藉口，你就說是為了盡到做兒子的責任，所以把土地送給齊國。楚太子要回楚國，重點哪會是參加父親的葬禮呢？當然是趕緊回國即位，免得國內政局有什麼不測變化。但不要說的這麼赤裸裸，還是援用舊封建禮節概念，說為了奔喪，比較好聽。

於是，楚太子真的就答應了齊王的敲詐，也才得以回國。

「太子歸，即位為王，齊使車五十乘來取東地於楚。楚王告慎子

曰：『齊使來求東地，為之柰何？』慎子曰：『王明日朝群臣，皆令獻其計。』……」太子回國，順利即位為王，沒多久，齊王就派使節帶五十輛兵車來要土地了。楚王問慎子：「這下怎麼辦？」慎子教他：「你明天把群臣叫來，要每個人說說看有什麼計謀。」

「上柱國子良入見。王曰：『寡人之得求反王墳墓、復群臣、歸社稷也，以東地五百里許齊，齊令使來求地，為之柰何？』子良曰：『王不可不與也。王身出玉聲，許強萬乘之齊而不與，則不信，後不可以約結諸侯。請與而復攻之。與之信，攻之武，臣故曰：與之。』……」

第二天，先進來見楚王的，是上柱國子良。楚王說：「我為了要能夠葬先王，再度見到群臣，回到楚國，不得不答應了給齊國東方五百里地。現在齊王派了使者來求地，該怎麼辦？」子良回答：「這地不能不給。話出自大王之口，如同金玉般貴重，而且還是對一個萬乘大國的許諾，如果不給，那就失去信用了，以後將無法跟其他各國來往結盟。我建議先給土地，然後再出兵將土地奪回來。給土地，表示信守諾言；出兵，則表現我們的武勇精神，不會隨便放棄國土，所以我建議：給。」

「子良出，昭常入見。王曰：『齊使來求東地五百里，為之奈何？』昭常曰：『不可與也。萬乘者，以地大為萬乘，今去東地五百里，是去戰國之半也。有萬乘之號，而無千乘之用也，不可。臣故曰：勿與，常請守之。』……」

子良出去之後，換昭常進來。楚王也告訴他這個情況：「齊王派使者來跟我要東方五百里地，怎麼辦？」昭常的回答是：「不可以給！大國稱為『萬乘之國』，但『萬乘之國』其實是靠擁有龐大土地才大的，現在失去了東方五百里地，等於是葬送了國家戰鬥條件的一半，號稱『萬乘之國』，實質上不足以配備支持一千輛兵車，這樣當然不行。所以我建議：不能給，我願意去擔負守衛這塊土地，抵擋齊國的責任。」

「昭常出，景鯉入見。王曰：『齊使來求東地五百里，為之奈何？』景鯉曰：『不可與也。雖然，楚不能獨守。王身出玉聲，許萬乘之強齊也而不與，負不義於天下。楚亦不能獨守，臣請西索救於秦。』……」第三個進來的，是景鯉。楚王給了同樣的問題，景鯉和昭常一樣主張不能給地，但他認為光靠楚國自己的力量，守不住齊國的進攻，所以建議應該去向秦國求救兵，而且他自告奮勇願意出使秦國。

「景鯉出，慎子入。王以三大夫計告慎子，曰：『子良見寡人曰：「不可不與也，與而復攻之。」常見寡人曰：「不可與也，常請守之。」鯉見寡人曰：「不可與也，雖然，楚不能獨守也，臣請索救於秦。」寡人誰用於三子之計？』慎子對曰：『王皆用之。』……」接著進來見楚王的，是慎子。楚王將三位大夫三種不同意見告訴慎子，問他那到底該聽誰的。不料，慎子給了一個很奇怪的答案：「三個人的建議通通都用。」

楚王當然覺得這個答案莫名其妙，簡直是在開玩笑，「王怫然作色曰：『何謂也？』慎子曰：『臣請效其說，而王且見其誠然也。王發上柱國子良車五十乘，而北獻地五百里於齊。發子良之明日，遣昭常為大司馬，令往守東地。遣昭常之明日，遣景鯉車五十乘，西索救於秦。』……」

楚王變臉問：「你在說什麼啊？」慎子說：「大王別急著動怒，讓我把道理說清楚，你就會知道我是認真的，沒有在開玩笑。大王你先派上柱國子良帶五十輛兵車，到齊國去獻地。派了子良後的第二天，接著任命昭常為大司馬，讓他去防守這五百里東地。派了昭常後的第二天，又再派景鯉帶領五十輛兵車，出使秦國去求救兵。」

「王曰：『善。』乃遣子良北獻地於齊；遣子良之明日，立昭常為大司馬，使守東地；又遣景鯉西索救於秦。子良至齊，齊使人以甲受東地。昭常應齊使曰：『我典主東地，且與死生，悉五尺至六十，三十餘萬，弊甲鈍兵，願承下塵。』……」

楚王說：「這好。」照著慎子教的做了。子良到了齊，齊就派了軍隊去接收東地，不料卻遇到了昭常守在那裡，昭常對齊使者說：「這塊土地是我管的，我決定和這塊土地共生死。這裡的男子，從剛成年的，到六十歲，有三十餘萬人，儘管盔甲敗破、兵器不利，都準備好接戰。」

「齊王謂子良曰：『大夫來獻地，今常守之，何如？』子良曰：『臣身受弊邑之王，是常矯也，王攻之。』齊王大興兵攻東地，伐昭常……。」聽到這樣的消息，齊王當然就質問子良：「你來獻地，現在卻有昭常在那裡守著不肯走，這是什麼意思啊？」子良回答：「我是親自接受楚王命令來的，顯然昭常是假造楚王命令不肯離開，既然如此，大王就發兵打他吧！」於是齊王動員了大批軍隊進攻東地。

「未涉疆，秦以五十萬臨齊右壤，曰：『夫隘楚太子弗出，不仁；又欲奪之東地五百里，不義。其縮甲則可，不然，則願待戰。』齊王

恐焉，乃請子良南道楚，西使秦，解齊患。士卒不用，東地復全。」

然而齊國軍隊還沒跨過國界，秦國的五十萬大軍就迫近齊的西邊了。秦國指責齊國：「阻擋人家的太子，不給離開，是不仁；想要搶奪楚國的東地，是不義。你們現在退兵就算了，不然，你們就派軍隊也來這裡，我們等著跟你們一戰。」齊王害怕了，只好請子良先往南回楚國，取得楚王諒解，再往西出使秦國，解除齊國禍患。於是，沒有耗費士卒，楚國東方五百里地得以保全了。

這故事凸顯了慎子的智慧，同時也讓我們更進一步理解，這個時代，「國之所以為國」是多麼不穩定的一件事。前面張儀故事裡的「六百里地」，這段慎子故事裡的「五百里地」，都可能用這種任意的方式轉手，作為國力基礎的土地與人民，隨時可能變動，對內治理國家，對外和其他國家競爭，多麼困難！

此外，我們也就明瞭了，如此激烈的變化，最終是靠國與國之間的複雜權力牽制，才給予這個時代一點常態平衡。每個國家都很積極尋求擴張，國與國不斷有緊張局面，但因為那麼多國土地與軍力犬牙交錯，拉這打那，使得這種戰亂狀況在動態平衡下延續了兩百年的時間。

考驗君王的智慧

回頭再看《戰國策．秦策》中，張儀與陳軫鬥智故事的後續〈楚絕齊〉。

「**楚絕齊，齊舉兵伐楚。陳軫謂楚王曰：『王不如以地東解於齊，西講於秦。』楚王使陳軫之秦。……**」楚國受了張儀之騙，用粗暴的方式和齊國斷絕關係，楚王甚至還派人去齊國辱罵齊王，是可忍孰不可忍，齊國就出兵攻打楚國。陳軫給楚王的建議是避免打仗，因為這時齊、秦東西兩強已經聯盟了，楚國沒有本錢兩面抗敵。楚得罪齊國比較深，只好割地賠罪，否則難免於一戰。至於秦國，那可以用講的，談判出和平關係來。楚王過去不聽陳軫的，吃了大虧，這次不能不聽了。而既然陳軫建議去跟秦國講和，那就派陳軫去執行這個任務吧！

「**秦王謂軫曰：『子秦人也，寡人與子故也。寡人不佞，不能親國事也，故子棄寡人事楚王。今齊楚相伐，或謂救之便，或謂救之不便。子獨不可以忠為子主計，以其餘為寡人乎？』……**」

陳軫到了秦，秦惠王就跟他套交情。「你是我們秦人啊，我們原本就認識。只是我能力不足，當時沒辦法自己對國事定奪，你未受重用，所以離我而去，到楚國服務楚王。現在齊和楚打仗，有人建議秦國應該出兵幫助齊國，有人建議秦國不應該幫齊國。你可不可以主要替你服務的楚王設想，但也用剩下的智慧替我設想呢？」秦王的意思很明白：從楚王的利益上看，當然希望秦國不要幫助齊國，但這樣做對秦國有什麼好處？如果光是單方面從楚國的立場來請求秦國不要出兵，那就不必說了，秦王不想聽。

「陳軫曰：『王獨不聞吳人之遊楚者乎？楚王甚愛之，病，故使人問之曰：「誠病乎？意亦思乎？」左右曰：「臣不知其思與不思，誠思則將吳吟。」今軫將為王吳吟。……』」

秦王說的很客氣，請陳軫「以其餘為寡人」，陳軫就先跟秦王確認他的認同立場。「大王您聽過那個到楚國當官的吳國遊士的故事？楚王很喜歡他，有一次他病了，楚王派人去關心，問他身邊的人：『是真的病了，還是因為思念家鄉呢？』身邊的人就說：『我不知道他是不是患了思鄉病，不過照道理說，真正思念家鄉，他就會唱起吳地的歌了。』我現在就是要為大王唱我的『吳地的歌』。……」話說得委婉，但意思簡單——「我現在是以秦人的身分，而非站在楚國的立場來表達以下的意見的。」

「『王不聞夫管與之說乎？有兩虎諍人而鬬者，管莊子將刺之。管與止之曰：「虎者，戾蟲；人者，甘餌也，今兩虎諍人而鬬，小者必死，大者必傷，子待傷虎而刺之，則是一舉而兼兩虎也。無刺一虎之勞，而有刺兩虎之名。」……』」

「大王沒聽過管與的說法吧？有兩隻老虎看到了人，想吃人，因而彼此互鬥。一位叫管莊子的勇士準備要去刺殺老虎，被管與阻止了，管與說：『老虎是貪婪的動物，不會分享的，人對老虎而言是香甜可口的食物。現在兩隻老虎都看到了人，因而互鬥，鬥下來，弱的那隻會被咬死，強的那隻也會在過程中受傷，你等到牠們鬥完了，再去刺殺那隻已經受傷的老虎，那麼一次就得到兩隻老虎。事實上連刺殺一隻老虎的力氣都不用費，卻搏得了刺殺兩隻老虎的美名。』……」

「『齊、楚今戰，戰必敗。敗，王起兵救之，有救齊之利，而無伐楚之害。計聽知覆逆者，唯王可也。計者事之本也，聽者存亡之機。計失而聽過，能有國者寡也。故曰：「計有一二者難悖也，聽無失本末者難惑。」』」

「現在楚、齊兩國爭戰，大王不需急著出兵，齊國一定會敗，等到齊國敗了，大王再出兵去救，那樣得到了救齊的好處（得到齊的感激），又不必承擔攻擊楚國的禍害。只有大王你有智慧判斷計謀和聽出其中顛倒是非的地方。計謀是事情的根本，聽不聽從計謀決定了國之存亡，計謀偏失、聽信錯了對象，這樣要能保有國家，很少見。所以格言說：『能夠有不同的計謀可供比對思考，就不容易出錯；能夠弄清楚始末，就不會困惑於該選擇聽誰的。』」

這裡陳軫特別並列提了「計」與「聽」，「計」是臣子、遊士提出的，「聽」是君王的選擇。君王要多聽不同計謀，要能思考、掌握「計」的道理，才不會在面對諸多「計」時，昏頭轉向做錯了決定。不過，陳軫這樣的提法，骨子裡還是要影響秦惠王，讓他覺得陳軫的建議，是出自一個「秦人」為家鄉設想的立場，最符合秦王與秦國的利益。

網羅奇人異士

戰國時代的主題之一，是人與人之間的效忠關係，該如何調整、如何確立？秦王要怎麼知道陳軫究竟是站在楚國的利益上說話，還是真的回歸到秦人的立場呢？同樣的，楚王又如何確認陳軫會以楚國的利益為優先來考量？張儀來到楚國，不也對楚王示好，表示「甚願為臣」嗎？楚王要依靠什麼標準來決定，相信張儀還是相信陳軫？張儀不是楚人，但陳軫也不是啊！

這是個大難題。因應這個難題，而產生了戰國的一波流行風潮，那就是「養士」。什麼是「養士」？為什麼要「養士」？在這種流動、曖昧、不確定的效忠關係背景對照下，我們了解了：「養士」就是一種試圖將效忠關係暫時固定下來的新方法、新嘗試。從來來去去的眾多遊士中選擇一部分，提供他們安適的生活，讓他們在這段時間中，只為這個主人效忠，只考慮他的利益，只為他服務。

「養士」風潮中，最有名的是「戰國四公子」——孟嘗君、平原君、信陵君和春申君。而以「養士」的規模、效果，尤其是名聲來看，齊的孟嘗君田文又是四人中最突出、最重要的。透過《戰國策》中許多關於孟嘗君的故事，我們得以從另一個方向查知這種新興的人際效忠關係。

首先看很有名，經常被選入選集和教材的〈齊人有馮諼者〉。

「齊人有馮諼者，貧乏不能自存，使人屬孟嘗君，願寄食門下。孟嘗君曰：『客何好？』曰：『客無好也。』曰：『客何能？』曰：『客無能也。』孟嘗君笑而受之曰：『諾。』左右以君賤之也，食以草具。……」

齊人馮諼，窮到活不下去，就託人傳話給孟嘗君，願意當他的門客。孟嘗君和傳話的人見了面，問：「這位先生喜歡什麼？」答：「沒有特別喜歡什麼。」再問：「這位先生會什麼？」答：「沒有特別會什麼。」孟嘗君笑了，接受他來當門客。孟嘗君身邊的人，看這樣的過程，覺得主人沒把馮諼當一回事，就給他最低等級的待遇。

顯然去幫馮諼傳話的人，對馮諼的評價很低，不覺得他有什麼資格擔任孟嘗君的門客。有趣的是，一個沒能力也沒特色，根本無從對他有任何了解的人，孟嘗君為什麼還要接受他當門客？這正是戰國「養士」文化的特色。孟嘗君感受到馮諼不平常，這種不平常的人，說不定會有非常的能力。換個方向看，「養士」文化也就因此刺激出一堆裝模作樣擺譜的人，愈是沒本事，愈要裝得跟別人不一樣。也就難怪後來《荀子》、《韓非子》書中有許多對這種風氣的強烈批判。

「居有頃，倚柱彈其劍，歌曰：『長鋏歸來乎，食無魚。』左右以告。孟嘗君曰：『食之比門下之客。』居有頃，復彈其鋏，歌曰：『長鋏歸來乎，出無車。』左右皆笑之，以告。孟嘗君曰：『為之駕，比門下之車客。』於是乘其車，揭其劍，過其友曰：『孟嘗君客我！』……」

後面發生的事就更誇張了。當了一陣子門下客，馮諼就靠在柱子邊，彈著他的劍，應和劍所發出的響聲唱：「長劍啊長劍，我們回家去吧，在這裡吃飯都吃不到魚啊！」左右將這件事報告孟嘗君，孟嘗君就說：「好吧，給他門客一般待遇，讓他吃好一點。」又過了一陣子，馮諼又開始彈劍唱歌了：「長劍啊長劍啊，我們回家去吧，在這裡出門都沒車啊！」真是貪得無厭，左右拿他當笑話，又去報告孟嘗君，孟嘗君就說：「好吧，給他車駕，比照高等級的門客待遇。」有了車，馮諼就坐著車、帶著劍，去向朋友炫耀：「看，我現在是孟嘗君的門客了。」

「後有頃，復彈其劍鋏，歌曰：『長鋏歸來乎，無以為家。』左右皆惡之，以為貪而不知足。孟嘗君問：『馮公有親乎？』對曰：『有老母。』孟嘗君使人給其食用，無使乏。於是馮諼不復歌……」

過一陣子，馮諼又彈劍唱起來了：「長劍啊長劍，我們回家吧，在這裡沒辦法養家啊！」聽到他這樣唱，讓左右的人很反感，太過分了吧！孟嘗君知道了，卻問：「這位馮先生家中有親人嗎？」「有老母。」孟嘗君就派人送食物、用品去馮家，讓馮諼的母親不至於匱乏。終於，馮諼沒有再彈劍唱歌了。

到這裡，馮諼沒有幫孟嘗君做任何事，甚至沒有顯現任何能力。他所表現的，純粹就是厚臉皮不斷加碼要求，以回家為要脅，竟然孟嘗君也就順應他，不斷提升他的待遇！

當然，孟嘗君有錢有實力，可以養很多人，這是一項因素。不過更重要的，是那種普遍的戰國國君與貴族心態：傳統辨別人才的方式都失效了，沒有辦法判定到底誰有本事、誰沒有，擔心錯過了真正的人才，那就乾脆盡量全收，而且往往那種愈怪愈不合理的，愈可能是奇才，最好還是養著別隨便放掉。

「後孟嘗君出記，問門下諸客：『誰習計會，能為文收責於薛者

乎？』馮諼署曰：『能。』孟嘗君怪之曰：『此誰也？』左右曰：『乃歌夫長鋏歸來者也。』孟嘗君笑曰：『客果有能也，吾負之，未嘗見也。』請而見之。……」

遇到了事情，需要門客服務，孟嘗君就出了一份公告，上面問：「有誰學過會計，能到薛去幫我收債？」「薛」是孟嘗君的封地，也就是他的根據地，他的財富就來自「薛」地人民生產納賦。而除了他原本應收的租賦之外，他還在「薛」放款子收利息，所以現在需要有人去核對收錢。

結果馮諼就在公告上簽下自己的名字，表示他願意承擔這件事。孟嘗君看那個名字很陌生，問：「這是誰啊？」「就是彈劍唱歌說要回家的那傢伙。」孟嘗君笑了：「這傢伙果然是有本事的，我對不起他，還從來沒跟他見過面。」就將馮諼找來面對面談話。

「**謝曰：『文倦於事，憒於憂，而性懧愚，沉於國家之事，開罪於先生，先生不羞，乃有意欲為收責於薛乎？』馮諼曰：『願之。』**

於是約車治裝，載券契而行，辭曰：『責畢收，以何市而反？』孟嘗君曰：『視吾家所寡有者。』……」

見了面，孟嘗君先道歉：「我被眾多事務弄得疲憊不堪，有許多憂慮，煩都煩不完，加上我生性魯鈍，整個人被國家的事淹沒了，以至於在招待先生上面很不周到，得罪了您。您卻不介意，還願意替我到薛去收債？」馮諼簡單回答：「我願意。」於是就幫馮諼準備了車馬衣裝，並將借據交給他，讓他去薛。馮諼出發前來辭行，特別問孟嘗君：「收了這些債務款項，需要幫你買什麼東西回來嗎？」孟嘗君說：「您決定吧，看看我家缺的、少的就幫我買回來。」

「**趨而之薛，使吏召諸民當償者，悉來合券。券徧合，起矯命以責賜諸民，因燒其券，民稱萬歲。……**」馮諼去到了薛，叫辦事人員將欠債的都找來，一一查對借據。借據查對完了，確認這些人欠孟嘗君的債務，照道理說應該就要收錢了，馮諼卻假造孟嘗君的命令，宣告所有債務一筆勾銷，當場將借據都燒了，那些人當然高興地大呼「萬歲！」

「長驅到齊，晨而求見。孟嘗君怪其疾也，衣冠而見之，曰：『責畢收乎？來何疾也？』曰：『收畢矣。』『以何市而反？』馮諼曰：『君云：「視吾家所寡有者」，臣竊計，君宮中積珍寶，狗馬實外廄，美人充下陳，君家所寡有者，以義耳，竊為君市義。』……」

幹完了這件過癮的事，馮諼立即直接從薛回到臨淄，一大早就去見孟嘗君。這是馮諼故意安排的，就是要讓孟嘗君覺得奇怪、不對勁。孟嘗君不敢相信他來去這麼快，穿好衣服接見他，見面當然就問：「債收了嗎？怎麼可能那麼快？」馮諼還是省話：「收好了。」孟嘗君又問：「來去匆匆，你怎麼有時間幫我買東西？你買了什麼回來嗎？」

馮諼就在等孟嘗君這一問。他終於願意說一段比較長的話：「您告訴我：『看看我家缺的、少的就幫我買回來』，我在心裡盤算，您宮裡堆滿了珍寶，外面廄中都是狗和馬，美人也多到可以排成行陣，看來您家唯一缺的，只有『義』，所以我就幫你把『義』買回來了。」

這太奇怪了，「義」能買嗎？「**孟嘗君問：『市義奈何？』曰：『今君有區區之薛，不拊愛子其民，因而賈利之。臣竊矯君命，以責賜諸民，因燒其券，民稱萬歲，乃臣所以為君市義也。』孟嘗君不說曰：『諾，先生休矣！』……**」

孟嘗君就問：「這『義』怎麼買？」馮諼說：「您領有薛這個小小的封地，不好好如同照顧孩子般愛惜保護那裡的人民，卻像個商人想從那裡得到利益，（這是『不義』啊！）所以我就假造您的命令，將債務一筆勾銷，把借據都燒了，人民當場激動地大喊『萬歲！』這就是我幫您買『義』的方式。」債沒有收回來，還理直氣壯當面將孟嘗君罵一頓，脾氣再好、平常對門客再客氣的孟嘗君都受不了了，擺了臉色說：「好了好了，你不要再說了！」

從這段戲劇化過程，我們知道：第一，孟嘗君還真不需要這筆債務及其利息。第二，他本來預期馮諼會去很久，因為欠債的人張羅款項來還錢付利息，哪有那麼容易、通通順利？一定有些人遷延、抵賴，必經一番折騰。這也就為什麼之前要先貼出公告來找門客去收債，又要鄭重其事面見馮諼，原來是因為收債很難，不是一般辦事人員做得來的。第三，聽到馮諼的報告，孟嘗君一定認為馮諼是故意搗蛋作亂的，很可能就是利用機會報復當時被苛待的情況。不過，孟嘗君損失重大，心中又有怒意，卻仍然沒有將馮諼趕出去。這就是他之所以成為「養士」典範的關鍵素質。

「**後朞年，齊王謂孟嘗君曰：『寡人不敢以先王之臣為臣。』孟嘗君就國於薛，未至百里，民扶老攜幼迎君道中。孟嘗君顧謂馮諼：『先生所為文市義者，乃今日見之。』……**」

過了一年，齊國政治發生大變動，孟嘗君失勢了。重用他的齊威王死了，新上任不久的齊宣王以：「我沒有資格用我父親的臣子來服務我」為藉口，將孟嘗君從宮中趕出去。孟嘗君在齊王宮中沒有職務了，他就必須離開臨淄，回到自己的封國去。

他要回薛，人還沒到，大老遠薛地的老老少少就在路途中迎接他。孟嘗君感動了，也明瞭自己憑什麼得到如此愛戴，回頭對身邊的馮諼說：「我現在看到您當時幫我買的『義』了。」

拉抬行情的藝術

「馮諼曰：『狡兔有三窟，僅得免其死耳。今君有一窟，未得高枕而臥也。請為君復鑿二窟。』孟嘗君與車五十乘，金五百斤，西遊於梁，謂惠王曰：『齊放其大臣孟嘗君於諸侯，諸侯先迎之者，富而兵強。』於是梁王虛上位，以故相為上將軍，遣使者黃金千金，車百

乘，往聘孟嘗君。……」

證明了在薛地為孟嘗君「市義」是有遠見的正確作法，得到了孟嘗君的信任，馮諼就進一步說：「狡兔有三窟，才能勉強不受害活著。現在您就只有薛這麼一窟，不能高枕無憂，我願意為您再鑿兩窟。」孟嘗君沒有多問，就給他所需的配備。馮諼往西到了魏國，見了同樣積極養士招才的魏惠王，跟他說：「齊國犯了重大錯誤，竟然將他們的大臣孟嘗君從宮中趕出來，這下子孟嘗君就不必為齊國服務了。此時哪個國君把握機會，先去將孟嘗君迎來，立即能收到富國強兵的效果。」

魏惠王吃這一套。就將原來的「相」改去擔任「上將軍」，把「相」的職位空出來，大張旗鼓以最高規格去請孟嘗君來作魏相。

「**馮諼先驅，誡孟嘗君曰：『千金，重幣也；百乘，顯使也。齊其聞之矣。』梁使三反，孟嘗君故辭不往也。……**」馮諼在魏國使者之前回到了齊，告誡孟嘗君：「千金是大錢，百乘是大排場，齊王一定會聽到這件事。」意思就是提醒孟嘗君，如此安排不是為了讓他真的去魏國當相，目標是對齊王示威。孟嘗君也很機伶，知道這意思，魏國使者來了三次，他三次都予以婉謝。

果然如馮諼所料，「**齊王聞之，君臣恐懼，遣太傅賫黃金千斤，文車二駟，服劍一，封書謝曰：『寡人不祥，被於宗廟之祟，沉於諂諛之臣，開罪於君。寡人不足為也，願君顧先王之宗廟，姑反國統萬人乎？』……**」

齊王聽說了這件事，上下都很驚慌，趕緊請太傅（剛上任的新國君，最親近的一定是他當太子時的老師），帶著黃金千斤，加上兩輛豪華大車，和一把齊王自己的佩劍，向孟嘗君正式道歉，說：「我命不夠好，不足以擔當國君，因而一即位，就被宗廟鬼神降禍，鬼迷心竅，沉溺於臣下的諂諛言詞，以至於做了很不恰當的決定，得罪了您。容我請求：儘管不值得為了我，能不能顧念先王宗廟的安危，勉強回來統治齊國呢？」

「**馮諼誡孟嘗君曰：『願請先王之祭器，立宗廟於薛。』廟成，還報孟嘗君曰：『三窟已成，君姑高枕為樂矣。』……**」齊王來道歉了，馮諼就又教孟嘗君提出條件——既然你口口聲聲要我以「先王之宗廟」為念，那我就要求將一部份先王祭器移到薛來，在薛另立宗廟。

這件事實現了，宗廟立好後，馮諼向孟嘗君回報：「三窟都完工了，現在您可以安心好睡了。」

文章最後的結語是：「**孟嘗君為相數十年，無纖介之禍者，馮諼之計也。**」孟嘗君任齊相數十年，連一點小災禍都沒有惹上身，都是憑藉馮諼的高明計策。

很精彩的文章，唯一的問題是：如果單獨看，我們其實無法真正理解馮諼設計的「三窟」究竟有多大作用，尤其是最後一計，在薛立先王宗廟是什麼意思？要更深入了解，就要看《戰國策．齊策》中另外一篇文章〈孟嘗君在薛〉。

不求而求

「孟嘗君在薛，荊人攻之。淳于髡為齊使於荊，還反，過薛，而孟嘗令人禮貌而親郊迎之。謂淳于髡曰：『荊人攻薛，夫子弗憂，文無以復侍矣。』淳于髡曰：『敬聞命矣。』……」

孟嘗君在薛，楚國發兵攻打薛地。齊王派了淳于髡為使者出使楚國，淳于髡從楚國回來時，路過薛，孟嘗君派人特別禮貌招待，親自到城郊迎接淳于髡，以示鄭重。見了面，對淳于髡說：「現在楚軍攻打薛，狀況很危急，如果您不幫忙想辦法的話，以後我可能就沒辦法再伺候您了。」話說得很委婉，但意思很明確，求淳于髡一定要幫忙，讓齊王來救薛，不然很可能薛就要落入楚人手中了。淳于髡聽懂了，也鄭重地答應會幫忙。

淳于髡要怎麼幫忙呢？「**至於齊，畢報，王曰：『何見於荊？』對**

曰：『荊甚固，而薛亦不量其力。』王曰：『何謂也？』對曰：『薛不量其力，而為先王立清廟，荊固而攻之，清廟必危，故曰：「薛不量力，而荊亦甚固。」』齊王和其顏色，曰：『譆，先君之廟在焉。』疾興兵救之。……」

淳于髡回到臨淄，就出使之事對齊王做了報告，報告完了，齊王問：「那麼，有在楚國看到什麼特別的事嗎？」淳于髡回答：「我看到了楚國固執的情況，也看到了薛自不量力的情況。」齊王聽不懂：「這什麼意思？」「薛自不量力，小小的封國卻要在那裡立先王宗廟（「清廟」，表示先王遺體不在那裡），現在楚國固執堅持攻打薛，結果就使得先王宗廟陷入危險，所以說：『看到了楚國固執的情況，也看到了薛自不量力的情況。』」齊王臉色變了，想起了「先王」，也就是他的父親齊威王，也想起來了在薛還有齊威王的另一個宗廟在。怎麼能讓父親宗廟被楚王危害呢？於是他就趕緊出兵去救薛。

後面是記錄這件事的人給的評論，他認為最重要的教訓是：「**顛蹶之請，望拜之謁，雖得則薄矣。善說者，陳其勢，言其方人之急也，若自在隘窘之中，豈用強力哉？**」撲倒在地苦苦哀求，就算求到了，也不會是什麼了不起的幫助。懂得說服之道的人不這樣做，而是描繪情勢，凸出聽者會感到著急的部分，讓他聽了感覺是自己陷入在難關裡，如此哪需要強迫他來關心、來幫助呢？

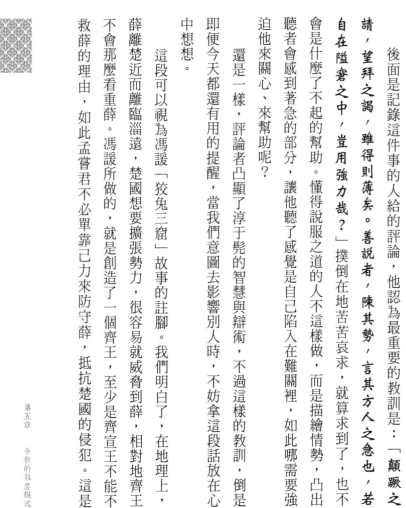

還是一樣，評論者凸顯了淳于髡的智慧與辯術，不過這樣的教訓，倒是即便今天都還有用的提醒，當我們意圖去影響別人時，不妨拿這段話放在心中想想。

這段可以視為馮諼「狡兔三窟」故事的註腳。我們明白了，在地理上，薛離楚近而離臨淄遠，楚國想要擴張勢力，很容易就威脅到薛，相對地齊王不會那麼看重薛。馮諼所做的，就是創造了一個齊王，至少是齊宣王不能不救薛的理由，如此孟嘗君不必單靠己力來防守薛，抵抗楚國的侵犯。這是

「第三窟」的真義。

養士的原則——寬容

再讀一則與孟嘗君有關的記錄——《戰國策．齊策》中的〈孟嘗君舍人〉，讓我們明瞭在孟嘗君「養士」的經歷中，他對馮諼的容忍，還不是最誇張的。

「孟嘗君舍人有與君之夫人相愛者，或以問孟嘗君曰：『為君舍人，而內與夫人相愛，亦甚不義矣，君其殺之！』孟嘗君曰：『睹貌而相悅者，人之情也。其錯之，勿言也。』……」

發生了這樣的事：孟嘗君身邊的人，竟然和女主人私通，而且還讓其他人都知道了。於是有人去對孟嘗君說：「靠您養活，卻私下和你的夫人私通，這是最不可原諒的錯誤行為，您應該將這傢伙殺了！」孟嘗君的回答竟然是：「他在我身邊服務，有機會見到夫人的容貌，因此而互相喜愛，是人之常情。這件事就擱著吧，別再說了。」

「居朞年，君召愛夫人者而謂之曰：『子與文游久矣，大官未可得，小官公又弗欲。衛君與文布衣交，請具車馬皮幣，願君以此從衛君遊。』於衛甚重。……」「擱著」，一擱就擱了一年，孟嘗君才處理這件事。他將這個和夫人私通的人找來，說：「你在我身邊很長一段時間了，沒有大官可以做，小一點的職務你又不要。這樣吧，我跟衛國國君交情很好，不是那種出於身分的表面交情，我幫你準備好車馬和盤纏，你換去衛國發展吧！」孟嘗君終於把他趕走了，但仍然客客氣氣，而且還幫他安排好後路。這個人去到衛國，得到了衛王的重用。

「齊、衛之交惡，衛君甚欲約天下之兵以攻齊。是人謂衛君曰：

『孟嘗君不知臣不肖，以臣欺君。且臣聞齊、衛先君刑馬壓羊，盟曰：「齊、衛後世無相攻伐，有攻伐者，令其命如此。」今君約天下之兵以攻齊，是足下背先君盟約而欺孟嘗君也。願君勿以齊為心。君聽臣，則可；不聽臣，若臣不肖也，臣輒以頸血湔足下衿。』衛君乃止。……」

後來齊、衛兩國交惡，衛國是小國，單靠自己的力量不足以對抗齊國，因而衛國國君要約其他各國軍隊一起攻打齊國。於是這個人就去跟衛國國君說：「孟嘗君不知道我能力差，錯將我推薦給您。……」這是謙虛的反話，意思是你知道我有多大本事，但孟嘗君卻沒有把我留在他身邊，無私地讓我來幫你服務，你欠他一份人情吧！

「而且我聽說齊、衛兩國以前的國君曾經殺馬宰羊共同發誓：『齊、衛兩國後代子孫，絕對不可以互相攻伐，有不守誓言的，讓他得到和這些馬、羊同樣的下場。』現在您竟然找其他國家一起攻打齊國，您既違背了先世的誓言，也辜負了孟嘗君。希望您趕緊打消攻打齊國的念頭。您聽我的，就沒事；如果您不聽我的，我打算讓我頸項上濺出來的血沾汙您的衣襟。」這是禮貌卻已經夠直接的威脅，意思是：「有盟誓在先，違背的人不得好死，如果你真要違背誓言，我拚著命不要、人頭落地，現在就殺你！」衛國國君嚇得只好放棄攻打齊國。

「**齊人聞之曰：『孟嘗君可語善為事矣，轉禍為功。』**」最後也是一句評語：「孟嘗君可以說是很會治事啊，能夠將壞事扭轉為好事。」也就是將有人和他夫人私通的壞事，扭轉成拯救了齊國的好事。「轉禍為功」如何做到的？靠「養士」，極度看重人才，為了「養士」，什麼都能犧牲、什麼都能忍耐。

為什麼「養士」那麼重要，我們應該一併讀《戰國策．齊策》中的〈孟嘗君有舍人而弗悅〉。

「**孟嘗君有舍人而弗悅，欲逐之。魯連謂孟嘗君曰：『猿、獮、**

猴錯木據水，則不若魚鱉；歷險乘危，則騏驥不如狐狸。曹沫之奮三尺之劍，一軍不能當；使曹沫釋其三尺之劍，而操銚鎒與農夫居壟畝之中，則不若農夫。……』」

孟嘗君討厭身邊的某一個人，想把他趕走。他的策士魯連就勸他：「猿猴類的動物看起來那麼靈活，但如果讓他們離開樹木去到水中，他們就比不上魚和鱉了。要比能夠處理危機、避開險境，雄偉、善跑的馬就比不上狐狸厲害。曹沫舉起手中的三尺長劍，一整支軍隊都抵擋不了他，但你叫曹沫放下長劍，改拿農具去跟農夫在田裡工作，那曹沫就比不上農夫了。……」

「『故物捨其所長，之其所短，堯亦有所不及矣。今使人不能，則謂之不肖；教人不能，則謂之拙。拙則罷之，不肖則棄之，使人有棄逐，不相與處，而來害相報者，豈非世之立教首也哉？』孟嘗君曰：『善』，乃弗逐。」

魯連繼續說：「因而不看他的長處，卻去強調他的缺點，那麼就算是堯也有可以被挑剔批評的。現在你要他做這件事他做不來，就認定他沒有能力；教他學這項本事，他學不來，就認定他笨。笨的趕走、沒能力的放棄不用，不跟這些人相處，使得他們心懷怨恨，以至於後來回頭報復害我們——這不是世界上最明顯該知道的教訓嗎？」孟嘗君聽了，說：「對啊，說得好。」就不把那個人趕走了。

附錄

《戰國策》選摘

〈秦興師臨周而求九鼎〉

秦興師臨周而求九鼎，周君患之，以告顏率。顏率曰：「大王勿憂，臣請東借救於齊。」顏率至齊，謂齊王曰：「夫秦之為無道也，欲興兵臨周而求九鼎，周之君臣內自盡計，與秦，不若歸之大國。夫存危國，美名也；得九鼎，厚寶也，願大王圖之。」齊王大悅，發師五萬人，使陳臣思將以救周，而秦兵罷。

齊將求九鼎，周君又患之。顏率曰：「大王勿憂，臣請東解之。」顏率至齊，謂齊王曰：「周賴大國之義，得君臣父子相保也，願獻九鼎，不識大國何塗之從而致齊？」齊王曰：「寡人將寄徑於梁。」顏率曰：「不可。夫梁之君臣欲得九鼎，謀之暉臺之下，少海之上，其日久矣。鼎入梁，必不出。」齊王曰：「寡人將寄徑於楚。」對曰：「不可。楚之君臣欲得九鼎，謀之於葉庭之中，其日久矣。若入楚，鼎必不出。」王曰：「寡人終何塗之從而致之齊？」顏率曰：「弊邑固竊為大王患之。夫鼎者，非效醯壺醬甀耳，可懷挾提挈以至齊者；非效鳥集烏飛、兔興馬逝，灕然止於齊者。昔周之伐殷，得九鼎，凡一鼎而九萬人輓之，九九八十一萬人，士卒師徒器械被具所以備者稱此。今大王縱有其人，何塗之從而出？臣竊為大王私憂之。」齊王曰：「子之數來者，猶無與耳。」顏率曰：「不敢欺大國，疾定所從出，弊邑遷鼎以待命。」齊王乃止。

〈衛鞅亡魏入秦〉

衛鞅亡魏入秦，孝公以為相，封之於商，號曰「商君」。商君治秦，法令至行，公平無私，罰不諱強大，賞不私親近，法及太子，黥劓其傅。朞年之後，道不拾遺，民不妄取，兵革大強，諸侯畏懼。然刻深寡恩，特以強服之耳。孝公行之八年，疾且不起，欲傳商君，辭不受。孝公已死，惠王代後，蒞政有頃，商君告歸。人說惠王曰：「大臣太重者，國危；左右太親者，身危。今秦婦人嬰兒皆言『商君之法』，莫言『大王之法』。是商君反為主，大王更為臣也。且夫商君，固大王仇讎也，願大王圖之。」商君歸還，惠王車裂之，而秦人不憐。

〈孟嘗君將入秦〉

孟嘗君將入秦，止者千數而弗聽。蘇秦欲止之，孟嘗曰：「人事者，吾已盡知之矣；吾所未聞者，獨鬼事耳。」蘇秦曰：「臣之來也，固不取言人事也，固且以鬼事見君。」孟嘗君見之。謂孟嘗君曰：「今者臣來，過於淄上，有土偶人與桃梗相與語，桃梗謂土偶人曰：『子，西岸之土也，挺子以為人，至歲八月，降雨下，淄水至，則汝殘矣。』土偶曰：『不然。吾西岸之土也，土則復西岸耳。今子，東國之桃梗也，刻削子以為人，降雨下，淄水至，流子而去，則子漂漂者將何如耳。』今秦四塞之國，譬若虎口，而君入之，則臣不知君所出矣。」孟嘗君乃止。

〈蘇秦始將連橫〉

蘇秦始將連橫，說秦惠王曰：「大王之國，西有巴蜀漢中之利，北有胡貉代馬之用，南有巫山黔中之限，東有肴函之固。田肥美，民殷富，戰車萬乘，奮擊百萬，沃野千里，蓄積饒多，地勢形便，此所謂天府，天下之雄國也。以大王之賢，士民之眾，車騎之用，兵法之教，可以併諸侯，吞天下，稱帝而治，願大王少留意，臣請奏其效。」

秦王曰：「寡人聞之：毛羽不豐滿者，不可以高飛；文章不成者，不可以誅罰；道德不厚者，不可以使民；政教不順者，不可以煩大臣。今先生儼然不遠千里而庭教之，願以異日。」

蘇秦曰：「臣固疑大王不能用也。昔者神農伐補遂、黃帝伐涿鹿而禽蚩尤、堯伐驩兜、舜伐三苗、禹伐共工、湯伐有夏、文王伐崇、武王伐紂、齊桓任戰而伯天下。由此觀之，惡有不戰者乎？古者使車轂擊馳，語言相結，天下為一；約中連橫，兵革不藏；文士並飭，諸侯亂惑；萬端俱起，不可勝理；科條既備，民多偽態；書策稠濁，百姓不足；上下相愁，民無所聊；明言章理，兵甲愈起；辯言偉服，戰攻不息；繁稱文辭，天下不治；舌弊耳聾，不見成功；行義約信，天下不親。於是，乃廢文任武，厚養死士，綴甲厲兵，效勝於戰場。夫徒處而致利，安坐而廣地，雖古五帝三王五伯明主賢君，常欲坐而致之，其勢不能，故以戰續之。寬則兩軍相攻，迫則杖戟相橦，然後可建大功。是故兵勝於外，義強於內；威立於上，民服於下。今欲并天下、凌萬乘、詘敵國、制海內、子元元、臣諸侯，非兵不可！今之嗣主，忽於至道，皆惛於教、亂於治、迷於言、惑於語、沈於辯、溺於辭，以此論之，王固不能行也。」

說秦王書十上而說不行，黑貂之裘弊，黃金百斤盡，資用乏絕，去秦而歸。羸縢履蹻，負書擔橐，形容枯槁，面目犁黑，狀有歸色。歸至家，妻不下絍，嫂不為炊，父母不與言。蘇秦喟歎曰：「妻不以我為夫，嫂不以我為叔，父母不以我為子，是皆秦之罪也。」乃夜發書，陳篋數十，得太公《陰符》之謀，伏而誦之，簡練以為揣摩。讀書欲睡，引錐自刺其股，血流至足，曰：「安有說人主不能出其金玉錦繡，取卿相之尊者乎？」

期年，揣摩成，曰：「此真可以說當世之君矣！」於是乃摩燕烏集闕，見說趙王於華屋之下，抵掌而談。趙王大悅，封為武安君。受相印，革車百乘，綿繡千純，白璧百雙，黃金萬溢，以隨其後。約從散橫，以抑強秦。

故蘇秦相於趙而關不通。當此之時，天下之大，萬民之眾，王侯之威，謀臣之權，皆欲決蘇秦之策。不費斗糧，未煩一兵，未戰一士，未絕一弦，未折一矢，諸侯相親，賢於兄弟。夫賢人在而天下服，一人用而天下從，故曰：「式於政，不式於勇；式於廊廟之內，不式於四境之外。」當秦之隆，黃金萬溢為用，轉轂連騎，炫熿於道，山東之國，從風而服，使趙大重。且夫蘇秦特窮巷掘門桑戶棬樞之士耳，伏軾撙銜，橫歷天下，廷說諸侯之王，杜左右之口，天下莫之能伉。

將說楚王，路過洛陽，父母聞之，清宮除道，張樂設飲，郊迎三十里。妻側目而視，傾耳而聽；嫂虵行匍伏，四拜自跪而謝。蘇秦曰：「嫂，何前倨而後卑也？」嫂曰：「以季子之位尊而多金。」蘇秦曰：「嗟乎！貧窮則父母不子，富貴則親戚畏懼。人生世上，勢位富貴，蓋可忽乎哉！」

〈張儀說秦王〉

張儀說秦王曰：「臣聞之：『弗知而言為不智，知而不言為不忠。』為人臣不忠當死，言不審亦當死，雖然，臣願悉言所聞，大王裁其罪。

臣聞天下陰燕陽魏，連荊固齊，收餘韓成從，將西南以與秦為難，臣竊笑之。

世有三亡，而天下得之，其此之謂乎！臣聞之曰：『以亂攻治者亡，以邪攻正者亡，以逆攻順者亡。』今天下之府庫不盈，囷倉空虛，悉其士民，張軍數千百萬，白刃在前，斧質在後，而皆去走，不能死，罪其百姓不能死也，其上不能殺也。言賞則不與，言罰則不行，賞罰不行，故民不死也。

今秦出號令而行賞罰，不攻無攻相事也。出其父母懷衽之中，生未嘗見寇也，聞戰頓足徒裼，犯白刃，蹈煨炭，斷死於前者比是也。夫斷死與斷生也不同。而民為之者是貴奮也。一可以勝十，十可以勝百，百可以勝千，千可以勝萬，萬可以勝天下矣。今秦地形斷長續短，方書千里，名師數百萬，秦之號令賞罰，地形利害，天下莫如也。以此與天下，天下不足兼而有也。是知秦戰未嘗不勝，攻未嘗不取，所當未嘗不破也。開地數千里，此甚大功也。然而甲兵頓，士民病，蓄積索，田疇荒，囷倉虛，四鄰諸侯不服，伯王之名不成，此無異故，謀臣皆不盡其忠也。

臣敢言往昔。昔者齊南破荊，中破宋，西服秦，北破燕，中使韓魏之君。地廣而兵強，戰勝攻取，詔令天下。濟清河濁，足以為限；長城鉅坊，足以為塞。齊，五戰之國也，一戰不勝而無齊。故由此觀之，夫戰者，萬乘之存亡也。且臣聞之曰：『削株掘根，無與禍鄰，禍乃不存。』秦與荊人戰，大破荊，襲郢，取洞庭、五都、江南。荊王亡（奔）走，東伏於陳。當是之時，隨荊以兵，則荊可舉。舉荊，則其民足貪也，地足利也。東以強齊、燕，中陵三晉。然則是一舉而伯王之名可成也，四鄰諸侯可朝也。而謀臣不為，引軍而退，與荊人和。今荊人收亡國，聚散民，立社主，置宗廟，令帥天下，西面以與秦為難，此固已無伯王之道一矣。天下有比志而軍華下，大王以詐破之，兵至梁郭，圍梁數旬，則梁可拔。拔梁則魏可舉；舉魏則荊、趙之志絕；荊、趙之志絕，則趙危；趙危而荊孤。東以強齊、燕，中陵三晉，然則是一舉而伯王之名可成也，四鄰諸侯可朝也。而謀臣不為，引軍而退，與魏氏和。令魏氏收亡國，聚散民，立社主，置宗廟，此固已無伯王之道二矣。前者穰侯之治秦也，用一國之兵，而欲以成兩國之功。是故兵終身暴靈於外，士民潞病於內，伯王之名不成，此固已無伯王之道三矣。

趙氏，中央之國也，雜民之所居也。其民輕而難用。號令不治，賞罰不信，地形不便，上非能盡其民力。彼固亡國之形也，而不憂其民氓，悉其士民，軍於長平之下，以爭韓之上黨，大王以詐破之，拔武安。當是時，趙氏上下不相親也，貴賤不相信，然則是邯鄲不守，拔邯鄲，完河間，引軍而去，西攻修武，踰羊腸，降代、上黨。代三十六縣，上黨十七縣，不用一領甲，不苦一民，皆秦之有也。代、上黨不戰而已為秦矣；東陽、河外，不戰而已反為齊矣；中呼池以北，不戰而已為燕矣。然則是舉趙則韓必亡，韓亡則荊、魏不能獨立。荊、魏不能獨立，則是一舉而壞韓、蠹魏、挾荊，以東弱齊、燕。決白馬之口，以流魏氏，一舉而三晉亡，從者敗。大王拱手以須，天下遍隨而伏，伯王之名可成也。而謀臣不為，引軍而退，與趙氏為和。

以大王之明，秦兵之強，伯王之業尊不可得，乃取欺於亡國，是謀臣之拙也。且夫趙當亡不亡，秦當伯不伯，天下固量秦之謀臣一矣。乃復悉卒，乃攻邯鄲，不能拔也，棄甲兵怒（弩），戰慄而卻，天下固量秦力二矣。軍乃引退，并於李下，大王又并軍而致與戰，非能厚勝之也，又交罷卻，天下固量秦力三矣。內者量吾謀臣，外者極吾兵力，由是觀之，臣以天下之從，豈其難矣？內者吾甲兵頓，士民病，蓄積索，田疇荒，囷倉虛；外者天下比志甚固。願大王有以慮之也。

且臣聞之：『戰戰慄慄，日慎一日。苟慎其道，天下可有也。』何以知其然也？昔者紂為天子，帥天下將甲百萬，左飲於淇谷，右飲於洹水，淇水竭而洹水不流，以與周武為難。武王將素甲三千領，戰一日，破紂之國，禽其身，據其地，而有其民，天下莫（不）傷。智伯帥三國之眾，以攻趙襄主於晉陽，決水灌之，三年，城且拔矣。襄主錯龜數策占兆以視利害，何國可降？而使張孟談於是潛行而出，反智伯之約，得兩國之眾，以攻智伯之國，禽其身，以成襄子之功。

今秦地斷長續短，方數千里，名師數百萬。秦國號令賞罰，地形利害，天下莫如也。以此與天下，天下可兼而有也。臣昧死望見大王，言所以（舉）破天下之從，舉趙、亡韓，臣荊魏，親齊燕，以成伯王之名，朝四鄰諸侯之道。大王試聽其說，一舉而天下之從不破，趙不舉，韓不亡，荊、魏不臣，齊燕不親，伯王之名不成，四鄰諸侯不朝，大王斬臣以徇於國，以主為謀不忠者。」

〈趙太后新用事〉

趙太后新用事，秦急攻之。趙氏求救於齊。齊曰：「必以長安君為質，兵乃出。」太后不肯，大臣強諫。太后明謂左右：「有復言令長安君為質者，老婦必唾其面。」左師觸讋愿見太后。太后盛氣而揖之。入而徐趨，至而自謝，曰：「老臣病足，曾不能疾走，不得見久矣。竊自恕，而恐太后玉體之有所郄也，故愿望見太后。」太后曰：「老婦恃輦而行。」曰：「日食飲得無衰乎？」曰：「恃鬻耳。」曰：「老臣今者殊不欲食，乃自強步，日三、四里，少益耆食，和於身也。」太后曰：「老婦不能。」太后之色少解。

左師公曰：「老臣賤息舒祺最少，不肖，而臣衰，竊愛憐之，願令得補黑衣之數，以衛王宮，沒死以聞。」太后曰：「敬諾。年幾何矣？」對曰：「十五歲矣。雖少，願及未填溝壑而託之。」太后曰：「丈夫亦愛憐其少子乎？」對曰：「甚於婦人。」太后笑曰：「婦人異甚。」對曰：「老臣竊以為媼之愛燕后賢於長安君。」曰：「君過矣，不若長安君之甚。」左師公曰：「父母之愛子，則為之計深遠。媼之送燕后也，持其踵為之泣，念悲其遠也，亦哀之矣。已行，非弗思也，祭祀必祝之，祝曰：『必勿使反。』豈非計久長有子孫相繼為王也哉？」太后曰：「然。」左師公曰：「今三世以前，至於趙之為趙，趙主之子孫侯者，其繼有在者乎？」曰：「無有。」曰：

「微獨趙，諸侯有在者乎？」曰：「老婦不聞也。」「此其近者禍及身，遠者及其子孫，豈人主之子孫則必不善哉？位尊而無功，奉厚而無勞，而挾重器多也。今媼尊長安君之位，而封之以膏腴之地，多予之重器，而不及令有功於國，一旦山陵崩，長安君何以自託於趙？老臣以媼為長安君計短也，故以為其愛不若燕後。」太后曰：「諾，恣君之所使之。」於是為長安君約車百乘，質於齊，齊兵乃出。

子義聞之曰：「人主之子也，骨肉之親也，猶不能恃無功之尊，無勞之奉，而守金玉之重也，而況人臣乎！」

〈魏惠王死〉

魏惠王死，葬有日矣。天大雨雪，至於牛目，壞城郭，且為棧道而葬。群臣多諫太子者，曰：「雪甚如此而喪行，民必甚病之。官費又恐不給，請弛期更日。」太子曰：「為人子，而以民勞與官費用之故，而不行先生之喪，不義也。子勿復言。」

群臣皆不敢言，而以告犀首。犀首曰：「吾未有以言之也，是其唯惠公乎？請告惠公。」惠公曰：「諾。」

駕而見太子，曰：「葬有日矣。」太子曰：「然。」惠公曰：「昔王季歷葬於楚山之尾，欒水齧其墓，見棺之前和。文王曰：『嘻，先君必欲一見群臣百姓也夫，故使欒水見之。』於是出而為之張於朝，百姓皆見之，三日而後更葬。此文王之義也。今葬有日矣，而雪甚及牛目，難以行，太子為及日之故，得毋嫌於欲亟葬乎？願太子更日，先王必欲少留而扶社稷、安黔首也，故使雪甚。因弛期而更為日，此文王之義也。若此而弗為，意者羞法文王乎？」太子曰：「甚善。敬弛期，更擇日。」

惠子非徒行其說也，又令魏太子未葬其先王，而因又說文王之義。說文王之義以示天下，豈小功也哉！

〈齊助楚攻秦〉

齊助楚攻秦，取曲沃。其後，秦欲伐齊，齊楚之交善，惠王患之，謂張儀曰：「吾欲伐齊，齊楚方歡，子為寡人慮之，奈何？」張儀曰：「王其為臣約車併幣，臣請試之。」

張儀南見楚王，曰：「弊邑之王所說甚者，無大大王；唯儀之所甚願為臣者，亦無大大王。弊邑之王所甚憎者，亦無先齊王；唯儀之甚憎者，亦無大齊王。今齊王之罪，其於弊邑之王甚厚，弊邑欲伐之，而大國與之懽，是以弊邑之王不得事令，而儀不得為臣也。大王苟能閉關絕齊，臣請使秦王獻商於之地，方六百里。若此，齊必弱，齊弱則必為王役矣。則是北弱齊，西德於秦，而私商於之地以為利也，則此一計而三利俱至。」楚王大說，宣言之於朝廷，曰：「不穀得商於之田，方六百里。」群臣聞見者畢賀，陳軫後見，獨不賀。楚王曰：「不穀不煩一兵、不傷一人，而得商於之地六百里，寡人自以為智矣。諸士大夫皆賀，子獨不賀，何也？」陳軫對曰：「臣見商於之地不可得，而患必至也，故不敢妄賀。」王曰：「何也？」對曰：「夫秦所以重王者，以王有齊也。今地未可得而齊先絕，是楚孤也，秦又何重孤國？且先出地絕齊，秦計必弗為也。先絕齊，後責地，且必受欺於張儀，受欺於張儀，王必惋之。是西生秦患，北絕齊交，則兩國兵必至矣。」楚王不聽，曰：「吾事善矣！子其弭口無言，以待吾事。」

楚王使人絕齊，使者未來，又重絕之。張儀反秦，使人使齊，齊秦之交陰合。楚因使一將軍受地於秦。張儀至，稱病不朝。楚王曰：「張子以寡人不絕齊乎？」乃使勇士往詈齊王。張儀知楚絕齊也，乃出見使者，曰：「從某至某，廣從六里。」使者月：「臣聞六百里，不聞六里。」儀曰：「儀固以小人，安得六百里？」使者反報楚王，楚王大怒，欲興師伐秦。陳軫曰：「臣可以言乎？」王曰：「可矣。」軫曰：「伐秦非計也，王不如因而賂之一名都，與之伐齊，是我亡於秦而取償於齊也。楚國不尚全事？王今已絕齊，而責欺於秦，是吾合齊、秦之交也，固必大傷。」楚王不聽，遂舉兵伐秦。秦與齊合，韓氏從之，楚兵大敗於杜陵。故楚之土壤士民非削弱，僅以救亡者，計失於陳軫，過聽於張儀。

〈張儀之楚貧〉

張儀之楚，貧。舍人怒而歸。張儀曰：「子必以衣冠之敝，故欲歸。子待我為子見楚王。」當是之時，南后、鄭袖貴於楚。張子見楚王，楚王不說。張子曰：「王無所用臣，臣請北見晉君。」楚王曰：「諾。」張子曰：「王無求於晉國乎？」王曰：「黃金、珠璣、犀象出於楚，寡人無求於晉國。」張子曰：「王徒不好色耳！」王曰：「何也？」張子曰：「彼鄭、周之女，粉白墨黑，立於衢閭，非知而見之者，以為神。」楚王曰：「楚，僻陋之國也，未嘗見中國之女如此其美也。寡人之獨何為不好色也？」乃資之以珠玉。南后、鄭袖聞之大恐。令人謂張子曰：「妾聞將軍之晉國，偶有金千斤，進之左右，以供芻秣。」鄭袖亦以金五百斤。張子辭楚王曰：「天下關閉不通，未知見日也，願王賜之觴。」王曰：「諾。」乃觴之。張子中飲，再拜而請曰：「非有他人於此也，願王召所便習而觴之。」王曰：「諾。」乃召南后、鄭袖而觴之。張子再拜而請曰：「儀有死罪於大王。」王曰：「何也？」曰：「儀行天下徧矣，未嘗見人如此其美也。而儀言得美人，是欺王也。」王曰：「子釋之。吾固以為天下莫若是兩人也。」

〈楚襄王為太子之時〉

楚襄王為太子之時，質於齊。懷王薨，太子辭於齊王而歸。齊王隘之：「予我東地五百里，乃歸子。子不予我，不得歸。」太子曰：「臣有傅，請追而問傅。」傅慎子曰：「獻之。地所以為身也，愛地不送死父，不義，臣故曰：獻之便。」太子入，致命齊王曰：「敬獻地五百里。」齊王歸楚太子。太子歸，即位為王。齊使車五十乘，來取東地於楚。楚王告慎子曰：「齊使來求東地，為之奈何？」慎子曰：「王明日朝群臣，皆令獻其計。」

上柱國子良入見。王曰：「寡人之得求反王墳墓、復群臣、歸社稷也，以東地五百里許齊。齊令使來求地，為之奈何？」子良曰：「王不可不與也。王身出玉聲，許強萬乘之齊而不與，則不信，後不可以約結諸侯。請與而復攻之。與之信，攻之武。臣故曰：與之。」

子良出，昭常入見。王曰：「齊使來求東地五百里，為之奈何？」昭常曰：「不可與也。萬乘者，以地大為萬乘，今去東地五百里，是去戰國之半也。有萬乘之號，而無千乘之用也，不可。臣故曰：勿與，常請守之。」

昭常出，景鯉入見。王曰：「齊使來求東地五百里，為之奈何？」景鯉曰：「不可與也。雖然，楚不能獨守。王身出玉聲，許萬乘之強齊也而不與，負不義於天下。

楚亦不能獨守。臣請西索救於秦。」

景鯉出，慎子入，王以三大夫計告慎子，曰：「子良見寡人曰：『不可不與也，與而復攻之。』常見寡人曰：『不可與也，常請守之。』鯉見寡人曰：『不可與也，雖然，楚不能獨守也，臣請索救於秦。』寡人誰用於三子之計？」慎子對曰：「王皆用之。」王怫然作色曰：「何謂也？」慎子曰：「臣請效其說，而王且見其誠然也。王發上柱國子良車五十乘，而北獻地五百里於齊。發子良之明日，遣昭常為大司馬，令往守東地。遣昭常之明日，遣景鯉車五十乘，西索救於秦。」王曰：「善。」乃遣子良北獻地於齊。遣子良之明日，立昭常為大司馬，使守東地。又遣景鯉西索救於秦。

子良至齊，齊使人以甲受東地。昭常應齊使曰：「我典主東地，且與死生。悉五尺至六十，三十餘萬，弊甲鈍兵，願承下塵。」齊王謂子良曰：「大夫來獻地，今常守之，何如？」子良曰：「臣身受命弊邑之王，是常矯也，王攻之。」齊王大興兵，攻東地，伐昭常。未涉疆，秦以五十萬臨齊右壤，曰：「夫隘楚太子弗出，不仁；又欲奪之東地五百里，不義。其縮甲則可，不然，則願待戰。」齊王恐焉。乃請子良南道楚，西使秦，解齊患。士卒不用，東地復全。

〈楚絕齊〉

楚絕齊，齊舉兵伐楚。陳軫謂楚王曰：「王不如以地東解於齊，西講於秦。」楚王使陳軫之秦，秦王謂軫曰：「子秦人也，寡人與子故也，寡人不佞，不能親國事也，故子棄寡人事楚王。今齊、楚相伐，或謂救之便，或謂救之不便，子獨不可以忠為子主計，以其餘為寡人乎？」

陳軫曰：「王獨不聞吳人之遊楚者乎？楚王甚愛之，病，故使人問之，曰：『誠病乎？意亦思乎？』左右曰：『臣不知其思與不思，誠思則將吳吟。』今軫將為王吳吟。王不聞管與之說乎？有兩虎諍人而斗者，管莊子將刺之，管與止之曰：『虎者，戾蟲；人者，甘餌也。今兩虎諍人而鬥，小者必死，大者必傷。子待傷虎而刺之，則是一舉而兼兩虎也。無刺一虎之勞，而有刺兩虎之名。』齊、楚今戰，戰必敗。敗，王起兵救之，有救齊之利，而無伐楚之害。計聽知覆逆者，唯王可也。計者事之本也，聽者存亡之機。計失而聽過，能有國者寡也。故曰：『計有一二者難悖也，聽無失本末者難惑。』」

〈齊人有馮諼者〉

齊人有馮諼者，貧乏不能自存，使人屬孟嘗君，願寄食門下。孟嘗君曰：「客何好？」曰：「客無好也。」曰：「客何能？」曰：「客無能也。」孟嘗君笑而受之曰：「諾。」左右以君賤之也，食以草具。居有頃，倚柱彈其劍，歌曰：「長鋏歸來乎！食無魚。」左右以告。孟嘗君曰：「食之，比門下之客。」居有頃，復彈其鋏，歌曰：「長鋏歸來乎！出無車。」左右皆笑之，以告。孟嘗君曰：「為之駕，比門下之車客。」於是乘其車，揭其劍，過其友曰：「孟嘗君客我。」後有頃，復彈其劍鋏，歌曰：「長鋏歸來乎！無以為家。」左右皆惡之，以為貪而不知足。孟嘗君問：「馮公有親乎？」對曰：「有老母。」孟嘗君使人給其食用，無使乏。於是馮諼不復歌。

後孟嘗君出記，問門下諸客：「誰習計會，能為文收責於薛者乎？」馮諼署曰：「能。」孟嘗君怪之，曰：「此誰也？」左右曰：「乃歌夫長鋏歸來者也。」孟嘗君笑曰：「客果有能也，吾負之，未嘗見也。」請而見之，謝曰：「文倦於事，憒於憂，而性懧愚，沉於國家之事，開罪於先生。先生不羞，乃有意欲為收責於薛乎？」馮諼曰：「願之。」於是約車治裝，載券契而行，辭曰：「責畢收，以何市而反？」孟嘗君曰：「視吾家所寡有者。」驅而之薛，使吏召諸民當償者，悉來合券。券遍合，起矯命以責賜諸民，因燒其券，民稱萬歲。

長驅到齊，晨而求見。孟嘗君怪其疾也，衣冠而見之，曰：「責畢收乎？來何疾也！」曰：「收畢矣。」「以何市而反？」馮諼曰：「君云『視吾家所寡有者』。臣竊計，君宮中積珍寶，狗馬實外廄，美人充下陳。君家所寡有者以義耳！竊以為君市義。」孟嘗君曰：「市義柰何？」曰：「今君有區區之薛，不拊愛子其民，因而賈利之。臣竊矯君命，以責賜諸民，因燒其券，民稱萬歲。乃臣所以為君市義也。」孟嘗君不說，曰：「諾，先生休矣！」後朞年，齊王謂孟嘗君曰：「寡人不敢以先王之臣為臣。」孟嘗君就國於薛，未至百里，民扶老攜幼，迎君道中。孟嘗君顧謂馮諼：「先生所為文市義者，乃今日見之。」

馮諼曰：「狡兔有三窟，僅得免其死耳。今君有一窟，未得高枕而臥也。請為君復鑿二窟。」孟嘗君予車五十乘，金五百斤，西遊於梁，謂惠王曰：「齊放其大臣孟嘗君於諸侯，諸侯先迎之者，富而兵強。」於是，梁王虛上位，以故相為上將軍，遣使者，黃金千斤，車百乘，往聘孟嘗君。馮諼先驅誡孟嘗君曰：「千金，重幣也；百乘，顯使也。齊其聞之矣。」梁使三反，孟嘗君固辭不往也。齊王聞之，君臣恐懼，遣太傅齎黃金千斤，文車二駟，服劍一，封書謝孟嘗君曰：「寡人不祥，被於宗廟之祟，沉於諂諛之臣，開罪於君，寡人不足為也。願君顧先王之宗廟，姑反國統萬人乎？」馮諼誡孟嘗君曰：「願請先王之祭器，立宗廟於薛。」廟成，還報孟嘗君曰：

「三窟已就，君姑高枕為樂矣。」孟嘗君為相數十年，無纖介之禍者，馮諼之計也。

〈孟嘗君在薛〉

孟嘗君在薛，荊人攻之。淳于髡為齊使於荊，還反，過薛，而孟嘗令人禮貌而親郊迎之。謂淳于髡曰：「荊人攻薛，夫子弗憂，文無以復侍矣。」淳于髡曰：「敬聞命。」至於齊，畢報。王曰：「何見於荊？」對曰：「荊甚固，而薛亦不量其力。」王曰：「何謂也？」對曰：「薛不量其力，而為先王立清廟。荊固而攻之，清廟必危，故曰薛不量力，而荊亦甚固。」齊王和其顏色，曰：「譆！先君之廟在焉。」疾興兵救之。顛蹶之請，望拜之謁，雖得則薄矣。善說者，陳其勢，言其方人之急也，若自在隘窘之中，豈用強力哉！

〈孟嘗君舍人〉

孟嘗君舍人有與君之夫人相愛者。或以問孟嘗君曰：「為君舍人而內與夫人相愛，亦甚不義矣，君其殺之。」君曰：「睹貌而相悅者，人之情也，其錯之勿言也。」居朞年，君召愛夫人者而謂之曰：「子與文游久矣，大官未可得，小官公又弗欲。

衛君與文布衣交，請具車馬皮幣，願君以此從衛君遊。」於衛甚重。齊、衛之交惡，衛君甚欲約天下之兵以攻齊。是人謂衛君曰：「孟嘗君不知臣不肖，以臣欺君。且臣聞齊、衛先君刑馬壓羊，盟曰：『齊、衛後世無相攻伐，有相攻伐者，令其命如此。』今君約天下之兵以攻齊，是足下背先君盟約而欺孟嘗君也。願君勿以齊為心。君聽臣則可；不聽臣，若臣不肖也，臣輒以頸血湔足下衿。」衛君乃止。齊人聞之曰：「孟嘗君可語善為事矣，轉禍為功。」

〈孟嘗君有舍人而弗悅〉

孟嘗君有舍人而弗悅，欲逐之。魯連謂孟嘗君曰：「猿、獮、猴錯木據水，則不若魚鱉；歷險乘危，則騏驥不如狐狸。曹沫之奮三尺之劍，一軍不能當；使曹沫釋其三尺之劍，而操銚鎒與農夫居壟畝之中，則不若農夫。故物舍其所長，之其所短，堯亦有所不及矣。今使人而不能，則謂之不肖；教人而不能，則謂之拙。拙則罷之，不肖則棄之，使人有棄逐，不相與處，而來害相報者，豈非世之立教首也哉！」孟嘗君曰：「善。」乃弗逐。

中國傳統經典選讀10

超越國界與階級的計謀全書 戰國策

2014年12月初版　　定價：新臺幣240元
2020年7月初版第三刷

		著　者	楊　照
		叢書編輯	陳逸達
		整體設計	江宜蔚
出版者	聯經出版事業股份有限公司	副總編輯	陳逸華
地址	新北市汐止區大同路一段369號1樓	總經理	陳芝宇
台北聯經書房	台北市新生南路三段94號	社長	羅國俊
電話	(02)23620308	發行人	林載爵
台中分公司	台中市北區崇德路一段198號		
暨門市電話	(04)22312023		
郵政劃撥帳戶第	0100559-3號		
郵撥電話	(02)23620308		
印刷者	文聯彩色製版印刷有限公司		
總經銷	聯合發行股份有限公司		
發行所	新北市新店區寶橋路235巷6弄6號2F		
電話	(02)29178022		

行政院新聞局出版事業登記證局版臺業字第0130號

本書如有缺頁，破損，倒裝請寄回台北聯經書房更換。　ISBN 978-957-08-4493-1 (平裝)
聯經網址 http://www.linkingbooks.com.tw
電子信箱 e-mail:linking@udngroup.com

國家圖書館出版品預行編目資料

超越國界與階級的計謀全書 戰國策／
楊照著．初版．新北市．聯經．2014.12．
192面．13.5×21公分．(中國傳統經典選讀；10)
ISBN 978-957-08-4493-1（平裝）
[2020年7月初版第三刷]

1.戰國　2.研究考訂

621.804　　103023575